近代中日關係研究 第一輯 9

日本人筆下的九一八事變

中村菊男等編
陳鵬仁譯著

蘭臺出版社

▲策劃佔領東北的日本關東軍主任參謀石原莞爾（上左）及高級參謀板垣征四郎（上右）。

◀日本發動九一八事變的地點——瀋陽城北的柳條溝近郊。

▶當時駐守北大營的中國東北獨立第七旅第六二〇團團長王鐵漢。

▼日軍誣指中國軍隊炸毀的南滿鐵路路段。

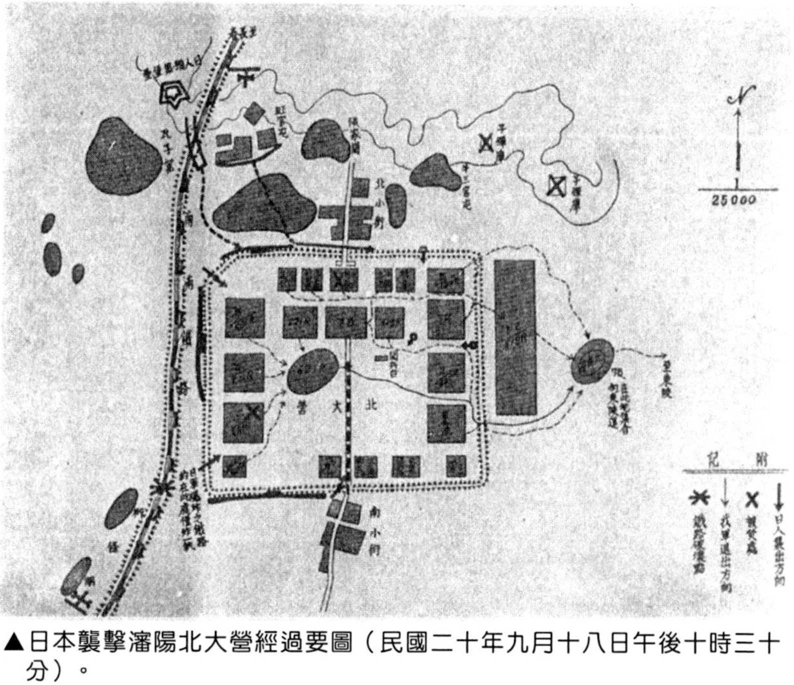

▲日本襲擊瀋陽北大營經過要圖（民國二十年九月十八日午後十時三十分）。

▲日軍在瀋陽城垣上向城內攻擊。

◀日軍侵入瀋陽。

▶日本關東軍司令官本庄繁。

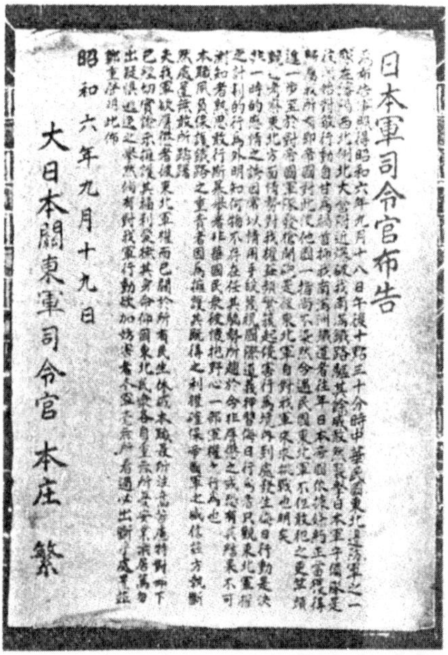

日本軍司令官布告

昭和六年九月十九日

大日本關東軍司令官 本庄 繁

▶日軍佔領瀋陽後貼出的荒謬布告。

▶日軍故意在瀋陽街頭陳列出幾根枕木和鐵軌破片，以及兩頂中國軍帽，一枝步槍，作為中國軍隊破壞鐵路的證據。圖為日本記者們圍集在那裏觀看。

▶▼九一八事變發生後，東北邊防司令長官張學良自北平報告日軍進犯瀋北大營電。

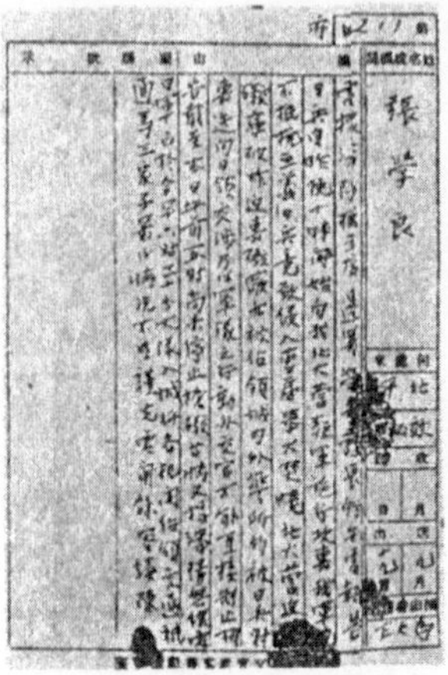

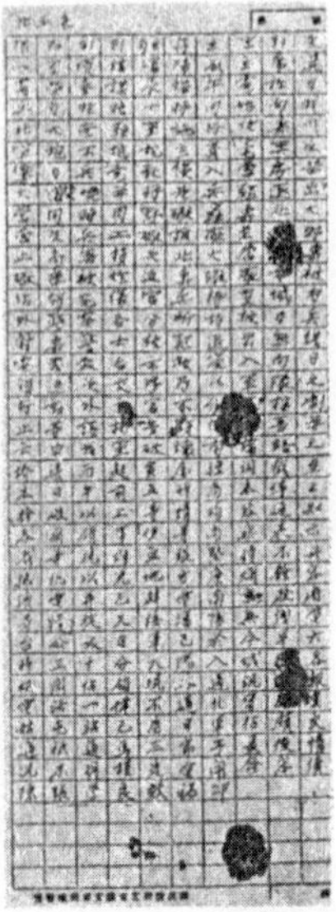

奉天軍の襲撃から
日支兩軍遂に交戰
我軍北大營の一部を占領
更に奉天城を砲擊
兩軍衝突の原因？
支那軍滿鐵線を爆破
わが守備隊を襲撃す

▲十九日早晨，日本各地報紙都登「支那軍爆破南滿鐵路，襲擊日本守備隊，兩軍終於開戰」的新聞，以矇蔽日本國民。

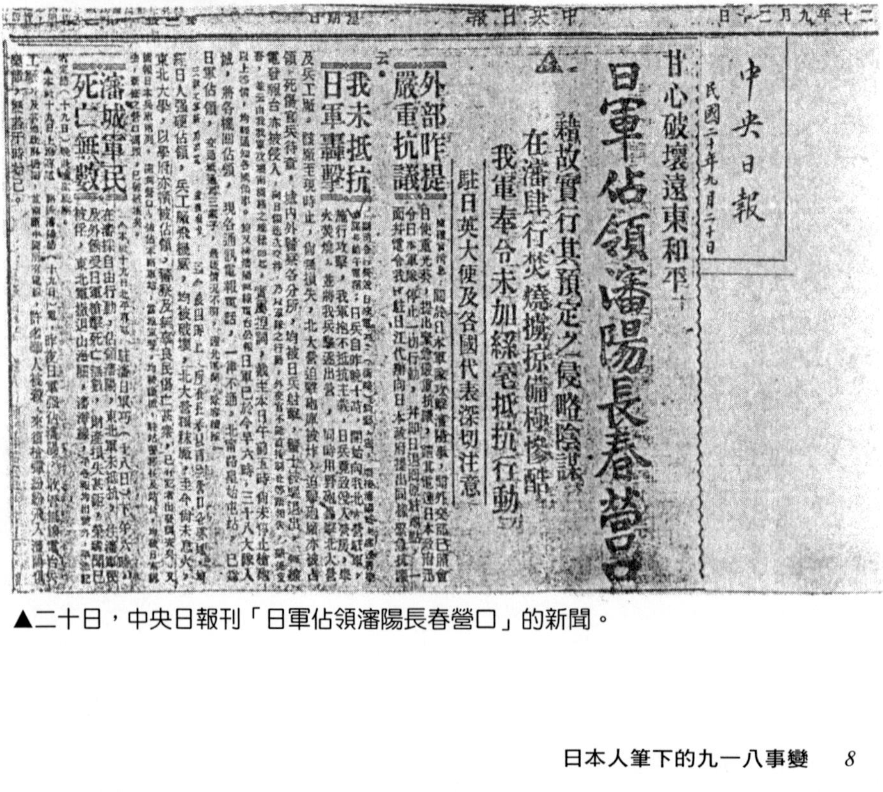

中央日報
民國二十年九月二十日
甘心破壞遠東和平
日軍佔領瀋陽長春營口
藉故實行其預定之侵略陰謀
在瀋肆行焚燒擄掠備極慘酷
我軍奉令未加絲毫抵抗行動
駐日英大使及各國代表深切注意
外部昨提嚴重抗議
我未抵抗日軍轟擊
瀋城軍民死亡無數

▲二十日，中央日報刊「日軍佔領瀋陽長春營口」的新聞。

▲九一八事變發生後，中國政府立即成立「特種外交委員會」，主持決策。圖為該會成立時合影。前排左起：顏惠慶、戴傳賢、蔣主席、于右任、丁惟汾、孔祥熙、顧維鈞。

▼蔣先生日記摘錄：

日寇果來侵略我東省矣，嗚呼！痛哉！余所恃者，惟有一片愛國丹心，此時明知危亡在即，亦唯有鞠躬盡瘁，死而後已，拼以一身報我　總理，報我民族，毋忝我之所生而已。

——一九三一年九月十九日

倭寇處心積慮，侵略東省，不幸今竟成為事實，一時殊覺無法補救，然而如國內能從此團結一致，未始非轉禍為福之機也。

——一九三一年九月二十日

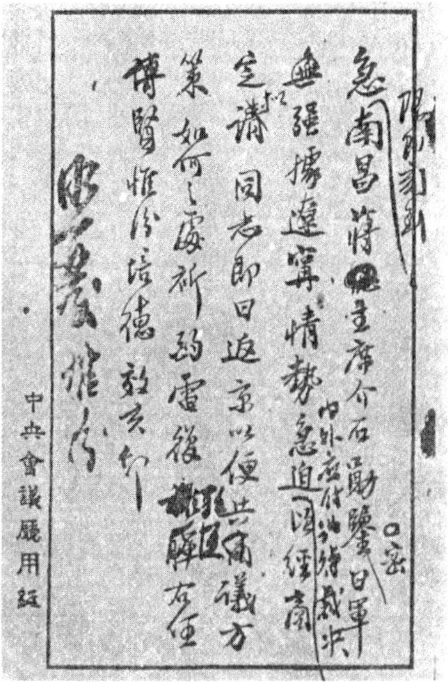

▶九一八事變爆發時，蔣主席正在南昌督師剿匪，中國國民黨中央執行委員會五位常務委員聯名電請蔣主席返京，主持大計。圖為電文原稿。

▶在日軍攻佔瀋陽的當天，我政府立即電令駐國際聯合會代表施肇基，向設在瑞士日內瓦的國聯行政院（如圖）提出申訴，要求依據盟約阻止日本危害國際和平。

▶國際聯合會議決派遣調查團，到中日兩國調查，以英國李頓爵士（右起第二人）擔任團長。

▶李頓調查團於一九三二年一月成立，二月來遠東，四月到東北，曾經在南滿鐵路被爆破的地點（柳條溝）實地調查。明知是日本軍閥製造侵略藉口，但因缺乏證據，未能提出肯定的報告。

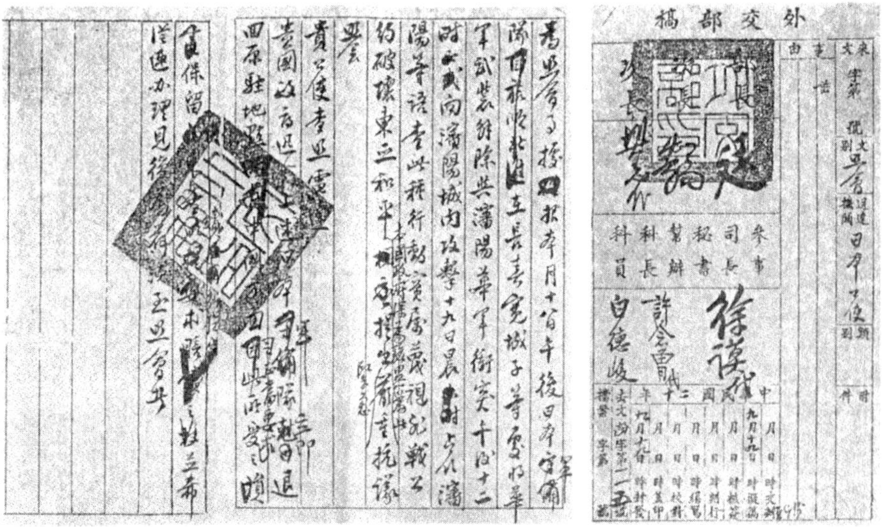

▲中國外交部於九月十九日向日本公使提出嚴重抗議。

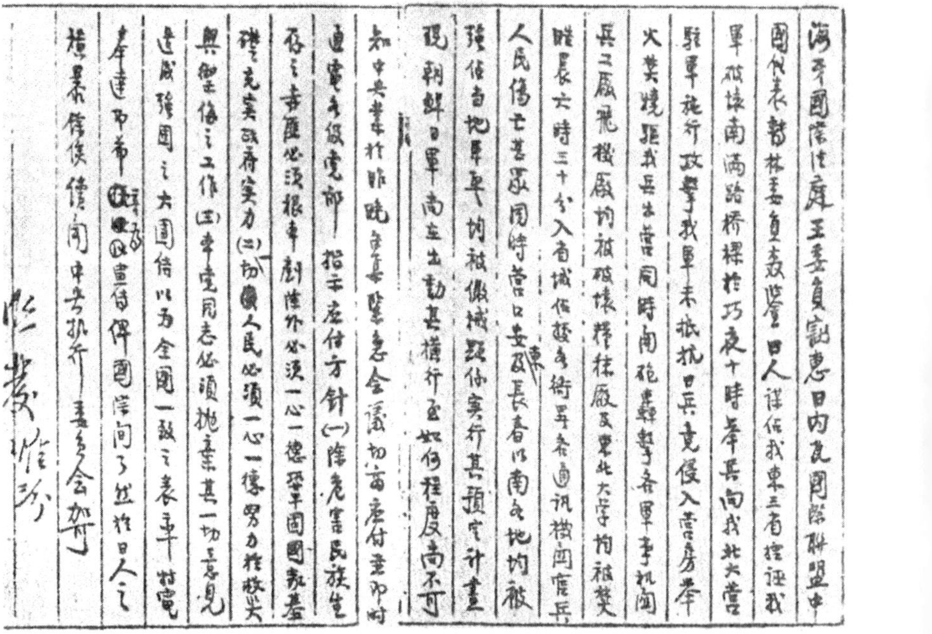

海牙國際法庭王委員寵惠日內瓦國際聯盟中
國代表團林委員森鑒日人詳佔我東三省捏詞我
軍破壞南滿路橋樑於巧夜十時率兵向我北大營
駐軍施行攻擊我軍未抵抗日兵竟侵入營房舉
火焚燒駐我兵士營同時用砲轟擊各軍事機關
兵工廠飛機廠均被破壞積林廠及東北大學均被焚
皓晨六時三十分入省城佔據各衙署各通訊機關屠兵
人民傷亡甚眾同時營口安東長春以南各地均被
強佔當地軍警均被繳械聞係實行其預定計畫
現朝鮮日軍南下出動其橫行至如何程度尚不可
知中央常會於昨晚召集緊急會議對當應付辦法
通電各級黨部指示應付方針（一）除危害民族生
存之赤匪必須根本剷除外必須一心一德鞏固國基
礎充實政府實力（二）協饋人民必須一心一德努力於救
與堅偉之工作（三）本黨同志必須拋棄其一切之意見
造成強固之大團結以為全國一致之表率 特電
奉達即希 設法使國際間了然於日人之
橫暴侵佔 中央執行委員會 哿

▲中央執行委員會九月二十日致電王寵惠、林森請向國際宣告日軍侵華。

目次

譯者的話

今日中國之所以至今未能統一，與日本之侵略中國具有不可分割的關係。老實說，大陸之淪陷，日本軍國主義者要負百分之九十以上的責任，而九一八事變，可以說是它的關鍵。如果沒有發生九一八事變，中國早就沒有紅禍了。

但對於這樣重要的事變，國內卻很少有其專書。這是不可思議的。我覺得，這事變由日本人發動，所以來看看他們對這事變的看法，自不無意義。我介紹他們的文章，不是因為贊成他們的見解，而是欲提供有關資料和史料，供國內學界參考。無疑地，九一八事變是日本人的陰謀。

這些文章的作者，包括政治家、外交官、軍人和學者，都是很有分量的。又，這些譯文，曾經發表於「台灣新生報」、「台灣日報」、「政治評論」、「中外雜誌」、「中華學報」、「世界華學季刊」和「國會」雜誌。

最後，我要由衷感謝前有水牛出版社負責人彭誠晃先生，現有蘭臺出版社幫我出版這本書，並請各位行家、讀者先生、女士多多指教。並以此書記念九一八事變六十週年以及太平洋戰爭五十週年。

陳鵬仁

民國八十年八月一日　台北

爲什麼發生九一八事變

中村菊男

軍方內部情勢的變化

一九三一年九月十八日發生的所謂九一八事變，究竟是不可避免的呢，還是可以避免的？檢討事變之原因的各種情況，要得出一個結論雖然很不容易，但如果簡單來說的話，九一八事變可以說是不可避免的。我認爲這是一種宿命。因此，在那個時候發生這種事變，確有其某種程度的必然性；但以那樣方式發生事變，則有種種疑問。

所謂以那樣方式，就是它並非依日本中央政府亦即參謀本部或陸軍省當局的意思計劃和實行的事變。而是以其駐外軍隊關東軍極少數的軍官所策劃的謀略爲其開端。換句話說，正如在遠東國際軍事法庭所言，這並非被告之戰爭指導者共同計劃所發動的事變，而是由派駐東北日本軍警之謀略行爲點燃事變的火花，爾後由日本政府和軍事中央當局所不得不追認者。我以爲，事變以這樣方式進展，是問題的最大所在。而這種被視爲「侵略」行爲的發生，在思想深處的意識，當非短期所能形成。

當然，發生這種事變，自有其複雜的原因。其遠因於大正時代已經存在，它堆而積之引起了這個事變。

九一八事變的第一個原因，我認為是第一次世界大戰的影響。

從軍事學的觀點來說，第一次世界大戰帶來了許多新的事實，詳而言之，透過這個戰爭出現了國家總力戰的形態，戰爭不僅要用武力來拼，還加上思想戰和經濟戰的要素；不但軍人要打仗，一般國民也得參加，它實具有舉國家之全力去爭輸贏的傾向。其次是武器非常發達。過去的戰爭是以步兵、騎兵和砲兵為主體的戰爭，但此時地上的火器很是進步，戰車問世，飛機更是日新又新，戰術因之起了很大的變化。亦即出現了機械化，高度重裝備的軍隊互相衝突的戰爭形態。

日本雖然參加了這個戰爭，但比諸歐美各國，直接參加戰鬥的機會少，而派遣許多觀戰武官前去歐洲戰場，客觀地觀察了這次戰爭。這些人是後來成為日本陸軍領導層的優秀人才。他們以各種各樣的方法，為參謀本部和陸軍省寄來情報和報告，尤其是前往西部戰線之少壯軍官的報告，以為未來的戰爭將是國家的總力戰爭；它將不是俄日戰爭那樣的短期決戰，戰爭將長期化，不特展開野戰上的攻防戰，而且將為政治、經濟、文化、思想等等，一切國家總力的戰爭。為此，日本軍隊實非現代化不可。是以第一次世界大戰所造成之武器的發達和戰爭形態的變化，曾予對於時代的變遷特別敏感的青壯年軍官以很大的刺激。出現對於未來的戰爭，必須出之以新的戰法這種觀點是很值得注目的。

戰爭結束以後，任何國家都會有擴張軍備論和縮小軍備論這種互相矛盾的兩種想法。擴張軍備論，係來自因爲戰爭武器極端發達，受到假想敵國的威脅。於是覺得爲了對抗敵方的軍備，這樣脆弱的裝備實無能爲力，因而得擴張軍備論。反此，縮小軍備論是，因爲戰爭發生悲慘的屠殺，失去父親、兄弟、親戚，大多數國民深感不能重演這種悲劇，由之產生軍備是戰爭的原因，因此最好能廢棄或縮小軍備這種想法。我認爲，這兩種互爲矛盾的擴張軍備論和縮小軍備論之交織，把問題弄得更錯綜複雜。

若是，這個矛盾的結果將是怎樣呢？

人們之所以志願當軍人，無異是嚮往軍司令官和艦隊司令官，將來希望有出任叱咤三軍之將星的一日。但如果縮小軍備的話，這種希望也就將隨之而渺茫。對於以做將官爲目標的年輕人來講，如果只做到上尉或少校，則將失去其對本來的希望。當一個人失望時，其欲望不滿是不容忽視的。世人對軍人以冷眼相看，巷間充滿著已不需要軍人的空氣，青年男女對他們也不尊敬了。可是在另一方面，由於武器的異常發達，使軍人著急萬分。他們深心覺得，國內這種狀態和國防可憂。亦即生活的威脅，對於未來的沒希望，武器的日新月異等等，令軍人產生希求的不滿。此種傾向，在中堅層尤其顯著。

這種著急的心情，在中堅軍人之間日趨擴大時，其上司的將官們還是想維持現狀，對他們的希求不滿，並沒有十分設法解決。而且，當時之軍的最高幹部對政黨政治抱有野心，想利用與政黨的關係，以求其將來的飛黃騰達。這些中堅軍官的希求不滿，與其對軍幹部的反感，加上社會思想助長了這些軍人的不滿傾向。換句話說，從軍事學校和軍隊教育，鼓吹天皇絕對的國家主義，並過著極其禁欲生活的軍人來說，社會上的各種思想，特別是對自由主義和社會主義的抬頭有反感。他們認爲，自由主義和社會主義的抬頭將危害國防；共產主義更不必說。應該想想辦法，這種心情在中堅軍官之中很盛，它並與所謂革新思想結合，從而演變爲昭和維新論。這是欲在昭和時代實行有如明治維新之變革的想法。它宛若燎原之火，在中堅層以下的軍人之中，燃燒下去。

第二點是，軍內部情勢的變化。明治時代支配軍的勢力是，如人們所說，爲「長的陸軍，薩的海軍」，亦即長州（山口縣）和薩摩（鹿兒島縣）的出身者，陸軍上將和海軍上將大多是出身這兩個地方的人，其他地方的出身者，就是英才也很不容易幹到上將。

可是降至大正時代，在明治時代支配政治和軍事的薩長威勢江河日下，政黨勢力代之而起。與此同時，在軍內部年輕的優秀份子脫穎而出，逐漸推翻薩長勢力的擅斷。尤其是陸軍的巨頭元帥山縣有朋的過世，象徵了長州閥在陸軍的沒落。這等於說，在陸軍居於獨擅地位的長州閥勢力消退，各地優秀而年輕的中堅層日愈「翻身」，並逐漸掌握了軍權。

以山縣有朋爲中心之長州閥控制軍權的時候，並沒有下剋上的風氣；甚至於有過山縣個人的意見可以決定陸軍大臣的時代，可是到了大正時代以後，民主主義思想的伸展入侵了軍的內部，於是產生了下剋上的風潮，上司無法統制其部屬。

如前面所述，在第一次世界大戰期間，武器非常發達。戰術也有過很大的進步。而對於這種新的情況，老幹部則用功不足。年輕人看不起這種用功不足的長官，下剋上的風氣於焉誕生。特別是，對於長州閥的反感既然長年鬱積在軍內部，有一天它總會爆發，長州出身者終將遭遇到報復。而陸軍大學有一陣子，故意不收出身長州者，也就是一個顯明的例子。如此這般，在軍內部，最高幹部日漸失去了領導權。

在另一方面，軍的最高幹部與政黨結合，抱著將來想做政黨政治家的野心。而與政治發生關係，則會產生金錢問題的疑惑，這是否事實姑暫不談，卻影響了軍的士氣。

迨至大正末期，陸軍最高幹部之一的上原勇作與田中義一、宇垣一成發生對立，成爲後來陸軍派閥抗衡的淵源，實在值得大書而特書。本來，上原跟田中的關係並不那麼差，惟因清浦奎吾組閣時，由於推荐陸相而對立。這時上原支持福田雅太郎，田中推舉宇垣一成。結果宇垣出任陸相，因之種因日後上原與田中、田中與福田、上原與宇垣的對立。

關於這一點，田中陣營認爲，乘山縣去世的機會，企圖挽回其勢力的薩摩派，聯合閥外的勢力以打倒長州派，因而集中全力攻擊長州派的領袖田中（高倉徹一編「田中義一傳記」下卷，三三四頁）；而「宇垣日記」對於「大森的老頭子」（指上原）也批評得很厲害。這個陸軍內部反宇垣亦即上原的系統就是佐賀閥，它與所謂皇道派又相連，也就是說，在山縣先前，由他一元地統一的軍內部，因爲上層感情上的對立而分裂，進而造成新的派閥對立。這意味著日本已經沒有對於整個陸軍具有聲望和威嚴的人物。既沒有獨佔權力的人，最上層者也失去了其領導權。世上之下刻上的風潮固不必論，軍內部竟產生這種風氣，的確令人不可忽視。

第三點是軍部中堅軍官之熱衷和憧憬革新政治。這一方面由於如後面所說對於政黨政治的反感；同時在他們之間也產生一種危機感。尤其是一九二八年的三・一五事件和一九二九年的四・一六事件，一再地檢舉共產黨，大衆傳播且予以大事宣傳。因此，中堅軍官們便覺得如果這樣發展下去，日本很可能就此被赤化；許多經濟學者和經濟評論家所分析日本資本主義的情況，邁向著階級鬬爭的道路。面對國內的這種危機，爲克服它，血氣方剛而多感的一部份軍人，遂醉心革新政治，而性情愈激烈的人，對時代的空氣則愈敏感。三月事件和十月事件，就是它的產物。

而且，對於這些軍人，更出現了煽動他們的學者。北一輝和大川周明就是。這些熱烈非常的學者，爲軍人提供了最好的理論。軍人雖然熱心於革新政治，但卻沒有理論。於北一輝和大川周明等煽動理論家遂爲軍人灌輸各種知識，以鼓動他們容易衝動的感情。因之他們開口閉口革新，隨時隨地論政。

結果他們組成「一夕會」（一九二九年五月）和「櫻會」（一九三〇年十月），這兩個會都是中級軍官的組織，對於九一八事變，直接間接扮演了很重要的角色。

至於上述三月事件和十月事件的內容，一直沒有正式發表過，迨至二次大戰後，在遠東國際軍事法庭和各種回憶錄有所公開，但究竟那一種說法纔是可靠，實在無從判斷。不過一般都是這樣說。參謀次長二宮治重、陸軍省軍務局長小磯國昭、參謀本部第二部長建川美次、參謀本部第二部中國課長重藤千秋和俄國班長橋本欣五郎等人，與民間人大川周明合作，準備於一九三一年三月二十日，動員軍隊和民衆大約一萬人，發動政變，俾成立以宇垣一成爲首相的政權。(原田熊雄述「西園寺公與政局」第二卷，二二─二三頁)

可是於前一年的十一月，竟發生了濱口雄幸首相爲了奉陪日皇參觀陸軍特別大演習要西行時，在東京車站月台被愛國社社員佐鄉屋留雄（當時二十三歲）狙擊的事件。

濱口首相雖然沒有當場死亡，惟因傷勢勢嚴重，遂由幣原喜重郎外相臨時代理首相，繼續由民政黨內閣執政。這時，有人計劃要抬出宇垣組閣，因此，宇垣很可能以爲不必經過政變而可以和平地獲得政權，所以便推翻前言，避與大川和小磯接近，放棄此時的政變計劃，而由此，日後宇垣遂受到右翼和軍部革新份子的激烈排斥。

又，這個計劃之所以停止實行，據說是因爲陸軍內部的岡村寧次、永田鐵山、山下奉文、鈴木貞一等人以時期過早反對的結果，當然，他們並不反對所謂國家革新，但從以滿蒙問題爲重點這個對外關係來說，他們認爲在改造國內之前，應該迅速而積極地解決滿州問題纔對。(司法省刑事局發行「思想研究資料」特集第五十三號，一一〇頁)

戰後，宇垣一成於遠東國際軍事法庭否認其與三月事件的關係，在「宇垣日記」更一再地否認。小磯國昭在巢鴨監獄裡所寫的大部頭回憶錄「葛山鴻爪」（一九六三年出版）也斷然否認他與該事件的關係。小磯說：

「簡言之，是氣憤汲汲於黨利黨略之政情的大川（周明）君，欲以非法手段實現宇垣內閣，但卻為宇垣上將拒絕的事件；而一開始就反對大川君之計劃的我，因為宇垣陸相的要求，祇是轉達大川君所提出的計劃書而已。否，我自負芟除後患於未然乃是我努力的結果。我覺得，贊成大川君之想法的似只有參謀本部的一兩個軍官。而且他們並沒有參與實際計劃，這祇要從其所謂計劃書的太幼稚，不是軍人所參與者就不難想像」（「葛山鴻爪」五一四頁）。

不過綜合當時之人們的說法，在三月間，這些被認為有關者的人士，常常碰面，所以，宇垣、小磯、建川等人，似不可能跟它毫無關係。

總而言之，這個事件本身祇是一個計劃，計劃者既沒有受到任何處罰，戰爭結束以前又一直沒公開過，因此要把握的眞相，非常困難。

爾後沒多久，便爆發九一八事變；其翌月，在日本國內又發生軍事政變未遂事件。

這個事件的藉口是，政黨政治連國內都處理不了，那裡能解決滿洲？可是滿洲問題卻必須趕緊解決。因之遂計劃實行政變，以建立革新政府。

據說，這個事件的有關者是橋本欣五郎以下，長勇、小原重厚、田中彌、天野勇等中校以下的校尉級軍官；而政變如果成功，則預定組織如左的內閣。

首相兼陸相　荒木貞夫中將

大藏大臣　大川周明博士

內務大臣　橋本欣五郎中校
警視總監　長勇少校
海軍大臣　小林省三郎少將（霞浦海空航空隊司令官）

惟這個計劃事前被發覺，更因為荒木貞夫的說服而停止，主謀者皆為憲兵隊所逮捕，但並沒有受到司法上的處分。（前述「思想研究資料」一二三頁以下）

要之，大川周明、橋本欣五郎一黨的計劃是，想在日本國內發動政變，以建設一個革新國家的政府；反此，石原莞爾等人的想法為，欲在滿洲製造事變，俾一舉解決滿蒙問題。

在這裡，特別值得我們注目的是，這些計劃的草擬者和實行者，包括軍人，都不是政府的最高領導階層，而是校尉級的幕僚軍官這件事。在國內準備政變，以及於外國發起事變，皆屬非法的事體。為執行國策，擬採取非法手段，也是這兩者共同的特色。

以石原為首之第一線日軍（關東軍）的計劃是，在滿洲製造事變，置滿洲於日軍佔領之下，從而造成其與日本為一體不可分的狀態。橋本一黨則另行組織「櫻會」，對陸軍的中堅層下功夫，以鼓動其革新潮；大川且加以煽動和戲劇化。大川大聲疾呼主張說，從十七世紀以來，受著白種人的侵略，亞洲的大部份變成殖民地或半殖民地。亞洲人必須從亞洲趕出白種人，否則亞洲將永見不得天日，為此（日人）得見令滿洲立於獨立狀態，使其與日本具有不可分割的關係，一起建設共存共榮的「王道樂土」。

因此，大川便於一九三〇年年初前往滿洲，訪問和說服張學良，但張學良不睬他。所以據說，大川遂得出為達到這個目的，非使用武力不可的結論。於是大川也就這樣遊說日本全國，並與橋本、長勇等同志密取聯絡更決定於一九三一年十月間發動政變，俾在國內建立革新的政府。據云，這個十月事件，乃是未遂之三月事件的捲土重來，亦即由於以前大川曾經擬擁護宇垣一成實行政變，但在計劃階段就遭挫敗，因此為了「溫習」攙籌劃了十月事件。

政治經濟情勢的惡化

軍的內部情況既如上述，那麼政界是個怎樣情形呢？也是同樣地，明治時代統治日本之薩、長藩閥勢力的江河日下。

於明治時代，在原則上，都是由長州和薩摩的出身者，交互出任內閣總理大臣當權的，伊藤博文、山縣有朋、桂太郎（以上是長州）、黑田淸隆、松方正義（以上為薩摩），大隈重信（肥前）和西園寺公望（卿）是例外。至大正時代，還是沒兩樣，山本權兵衛（薩摩）和寺內正毅（長州）相繼執政，但迨至大正八年（一九一九年），這個原則便發生了變化，亦即明治維新時，反對薩摩、長州，位於東北地方的南部藩出身者原敬，組織了以政友會為主的內閣，擴張了政黨的勢力。

這個政黨勢力的擴張，經過兩次的護憲運動，更有所進展。第一次是一九一三年的打倒桂內閣，也就是以「擁護憲政，破除閥族」為口號的護憲運動，由此醞釀出來將來的政台，非以政黨爲中心不可的空氣，第二次是一九二五年，由政友、憲政、革新俱樂部三黨的護憲勢力獲得政權，組織了以憲政會之加藤高明爲首相的內閣之時，在大正時代，曾有幾次的內閣改組，每每不是沒有政黨的，或與政黨合作，就是純粹的政黨內閣，總比明治時代，政黨的勢力增強許多，以至於昭和初期，遂出現政友會與民政黨對立這個明治憲法下政黨政治的黃金時代。這意味著政友會與民政黨兩大政黨對立時代的來臨，這兩黨人士，因而甚至提倡互相授受政權的所謂「憲政常道論」。

一九二五年，護憲三派內閣通過普通選舉法，繼而於一九二八年舉行大選。因爲這個普選法的成立，有選舉權者的數目，便由三百三十萬人而增加到一千四百萬人，凡是日本國民，滿二十五歲以上的男子，沒有納稅上的限制，都具有選舉權。可是，政黨一拿到政權，卻亂用其權力。

而制定鎮壓共產黨之治安維持法的是，一九二五年的第一次加藤高明內閣；但一九二八年四月，田中義一內閣卻更向國會提出加重其罪罰的修正案。其內容是，把該法第一條變更團體之罪與否認私有財產制度之罪分開，課變更團體之罪以死刑或無期以下的重刑。惟由於政友會與民政黨的政爭太激烈，這個法案終於審議未了而流產。於是，政府遂以緊急勅令提出幾乎同樣內容的修正案，並於該年六月在樞密院獲得通過。因此，田中內閣便在全國創設特別高等警察制度，以鎮壓和取締共產主義者。（根據曾根忠一「特高警察與社會運動的概說」山形縣警察部特別高等課發行，在當時是對外秘密件），特高警察的主要工作，乃以預防和排除基於新興思想之外部活動所產生公共的危害爲目的，秘密地查察其宣傳、煽動、大衆運動以及支配其思潮的活動狀況，與有關行政機關聯絡，以明瞭其情勢，對於應該取締的，則在法規範圍之內採取必要的措施。

對它，該年七月四日的「東京朝日新聞」曾經報導說：「這次在全國佈置了特高警察網，在內務省警保局新設保安課，以簡任事務官爲課長，在其下面置專任事務官和得行使司法警察權的謂警務官；在道府縣則創設特高課，以專任警視爲課長，下面增員警部一百五十名，特高刑事大約一千五百名」，這不外乎是爲了要對付普選後，第一次衆議院議員選舉時，德田球一等共產黨員，以勞動農民黨黨員身份參加競選，宣傳共產黨，以及相繼而發生的所謂三・一五事件，共產黨的活動所日趨公開的情況。

所以這個緊急勅令，直接地是內政上的問題，而不是爲著完成侵略中國的體制；但卻不能說是與中國共產主義勢力的擴張毫無關係。因爲，在中國的暴力事件，曾予日本的政治領導者以心理上的恐怖；而且在實際上，對於日本共產黨的資金援助，往還蘇聯，主要地都以上海爲其根據地，日共黨員與中共黨員之間更有來往。又據說，治安維持法罰則的加強，以及特高警察課的創設，都是爲了因應該年十一月，在京都所舉行的天皇就位的大典。

而在政黨亂用權力當中，最嚴重的當首推干涉選舉和貪汚。所謂干涉選舉，就是大選時，動員官警力量以打跨反對黨候選人；與此同時，對本黨候選人的違法行爲則寬大處理的意思，詳而言之，內閣一換，便大事移動地方長官，從知事到部課長，更換地方府縣的幹部，製造對其本黨有利的態勢，以爭取選舉的勝利。尤其是以內務省警保局爲中心，透過全國的特高警察搜集情報，根據這些情報，集中力量於本黨候選人脆弱的地方，假反對黨候選人以違法行爲，使其落選。

如下面的表，違反者的數目，在野黨遠比執政黨多得許多，根據一九二八年二月廿五日「法律新聞」的報導，該年舉行大選之際，迨至二月二十日投票那一天，全國的違反者數目如下（括弧內是二月十五日「東京朝日新聞」所報導的候選人數字。）

政友會	六三件	一六四人	（三八五人）
民政黨	四六九件	一七〇一人	（三六〇人）
革新黨	一三件	一四人	（一五人）
實業同志會	二一件	三一人	（三二人）
勞動農民黨	七三件	一三四人	（四〇人）
社會民衆黨	二三件	四四人	（一七人）
日本勞農黨	三七件	五四人	（一三人）
日本農民黨	一六件	六九人	（一二人）

（「日本國政事典」8，五六六頁及五六八頁）

如上述數字所示，執政黨的政友會，其違反選舉的件數實在太少了。在野黨之民政黨的違反件數幾乎是它的十倍。民政黨的候選人雖然比政友會的候選人少，但其違反者卻比政友會多。不特此，各左派政黨的違反者也很多。這說明了取締之如何地厲害。這個數目，如果民政黨取得政權，並由它辦理選舉的話，將完全倒過來。

因爲普選日本國民所獲得的寶貴權利，由於政黨的亂用權力（干涉選舉），自始就沒上軌道。而且，選舉與收買和請客結了不解之緣。

第二是貪污。一九二八年，在京都舉行日皇的就職大典時，日本政府曾經贈與各界的功勞者以勳章。可是，這時卻發生了獎勳局總裁對於行賄者給與勳章的賣勳事件。更因爲鐵路問題有人貪污，著名人士被傳，甚至於被起訴。

由於政黨濫用權力和貪污，而引起有心人的反感，更爲國民看不起。我們敢說，政友會與民政黨對立這個黃金時代的政黨政治，實由這兩個政黨自掘了墳墓。

不過，政友會與民政黨的外交政策，在基本上是對立的，政友會的態度是，如「田中積極外交」這句話所示，對於中國問題，甚至於不惜一戰。因此出兵山東，由之發生濟南事件。反此，民政黨的「幣原親善外交」，採取國際親善主義，對中國問題持不予干涉的立場，當然，在維護日本的權益這一點，這兩者在本質上雖然沒有什麼差別，但在方法上，政友會與民政黨卻是完全對立的。

是以日本在明治憲法下迎接了政黨政治的爛熟時期，惟因其內部本身的缺陷，沒有好好運用，而被軍部勢力所取代。要之，政黨如能自覺其立場，不濫用其權力，情況可能就兩樣；可是，他們不僅爭政策，而且專事撤黨權者之台，爲其黨利、黨略，製造對方政黨的醜聞醜事，以奪取政權，因之損人而傷己。

政治情況既如上述那麼經濟情勢是怎樣的呢？在第一次世界大戰時，日本並沒太直接參加戰爭，日本的資本主義非常發達。由此，日本各地出現了不少戰爭爆發戶，極其神氣；但戰爭結束以後，遂入反動時期，日趨不景氣。至此，戰爭爆發戶的言行，便爲衆人所注目；更引起莫大的反感。尤其是一九二三年九月，以東京、橫濱爲中心的關東大地震，影響很大。日本的心藏，一舉幾乎變成廢墟。關東大地震，無論在精神上和物質上，是明治日本的結束。

第一次世界大戰和關東大地震，對於日本經濟界的影響太大了。沒多久就進入不景氣的日本經濟界，又因爲一九二九年的經濟恐慌而變本加厲。特別是給予農村的打擊最大，農村的窮窘，達於極點。日本的農村，對於自明治以後現代產業的發展，扮演了無名英雄的角色。日本爲著其經濟的迅速現代化和工業化，非得求其財源於農村不可。是即曾經謀求早日工業化的國家，都令其農村蒙受很大的損失，尤其是日本的農村，成爲迅速工業化的犧牲，其生活水準既低，現代化也落在後面。加以經濟恐慌的來襲，農村的疲弊狀態表面化，尤以東北地方農村的貧困，受到衆人的注目。

一九二九年，美國的經濟恐慌，導致日本生絲價格的下跌，生絲價格的下跌，造成蠶繭價錢的下降。這又影響到其他的農產物。當時農村的收入，主要地靠對美國輸出的生絲；而農村的現款收入，則大多仰仗在紡紗廠工作的女工，惟因經濟恐慌，工廠縮短作業時間，於是產生失業者，農村的現款收入當然隨之而減少。北海道、東北地方的自然災害，尤其嚴重，幾乎祇能勉強維持其生命，所以爲其父母和家人，甚至於有賣身的婦女。

與此同時，中小企業的事業蕭條，失業者增加，官吏和一般靠薪水生活者的失業、減薪、勞工工資的降低和解雇，更促進了社會的不安。

日本的軍隊是，係由農村獲得其壯丁（士兵）的。而從青年軍官的立場來看，他們部下的家庭既然不安，自不能安心於國防的任務。爲使軍人（士兵）安心於國防的任務，自不能讓社會陷於不安。而造成這種社會不安的，依青年軍官們的看法，無疑地是政府的領導者。除此以外，也有左派和右派文獻的影響，而認爲置日本於此種地步的是財閥、政黨和元老，因此把經濟不景氣和社會不安的責任，一手推給政治領導者，而坐立不安。

中國民族運動的抬頭

這時，在滿洲和中國大陸，排日、抗日運動風起雲湧，俄日戰爭以來，日本所獲得的權益，因之逐漸受到「侵犯」。

一九二四年，國民黨與共產黨初次成立了共同戰線。我認爲，在中國新抬頭的民族運動，與共產主義運動組成共同戰線，一起活動是個很大的疑問。而因爲民族運動的抬頭，日本在滿洲的特殊權益遂受到很大的威脅。

九一八事變之前，日本和其他各國在滿洲的投資，據估計，大約有二十四億元，其中日本佔十七億五千萬元，等於七〇%，蘇俄排名第二，爲五億九千萬元；英、美、法三國，各佔二、三千萬元。這個十七億五千萬元之日本對於說，滿洲是日本的最大投資市場（其中證券投資爲大約八億三千七百萬元）。

如上所述，無論在滿洲經濟的開發，和做爲投資的對象，滿洲都跟日本的資本具有密切而非常重要的關係。理由是，因爲俄日戰爭所獲得的權益，和以它爲基礎所進行經濟開發投資。換句話說，日本主要的投資對象是滿鐵，亦即在十七億五千萬元當中，運輸業爲五億三千萬元，佔其總額的三〇%；農業、礦業、林業等爲二億八千萬元；工業與商業各爲一億多元；金融二億多元。反此，蘇俄國爲北滿鐵路的關係，對運輸業投資有大約四億五千萬元，佔該國對滿投資總額的六六%（滿洲國產業部大臣官房資料科編「滿洲產業概論」，康德六年度版，四〇頁）。

俄日戰爭以後，日本著手經營滿洲，以南滿鐵路爲動脈，營運附屬於它的鐵路，礦山等等，其沿線住有許多日本人，擁有商租權（the right to lease land），是根據一九一五年中日間的條約「關於南滿洲及東部內蒙古之條約」所賦予；該條約第二條有這樣的規定：「日本國臣民在南滿洲得商租爲建設各種商業上之建築物，或爲經營農業所需要之土地」。（外務省編纂「日本外交年表及主要文書」，上卷，四〇七頁）的特權。

可是，統治著滿洲的張作霖，不但不完全依照日本的意思行動，而且有排除日本勢力的傾向。

張作霖本身終於在一九二八年六月，因爲關東軍的河本大作上校的陰謀而去世，而他的兒子張學良，在其父親過世後，便實行易幟，擁護中國國民黨。

按照日本一向的觀念，滿洲是一個特殊的地域，但迨至張學良易幟，在滿洲掛起國民政府的青天白日旗以後，滿洲在政治上便與中國本土連在一起了。這大大地刺激了日本軍人。炸死張作霖的河本大作等人，在張作霖過世以後，曾意圖抬出和控制張學良，但張學良卻不肯當傀儡。

要之，正如「李頓報告書」所說，無疑地滿洲是中國的一部份，惟由於日本獲得或主張限制中國主權的特殊利益，所以中日兩國的衝突是必然的結果。(「李頓報告書」，七五頁) 當時日本人認爲，日本在滿洲的權益是在俄日戰爭中付出很大犧牲 (代價) 得來的，但怒潮澎湃的中國民族運動，卻不容許日本有這種想法。

「李頓報告書」又說，於滿洲，中日兩國國民在政治、經濟和貿易關係上，情形特殊，像這樣一個國家在鄰邦領土內具有如此廣泛的經濟、行政上特權，實找不到類似的例子。在這種情形之下，中日兩國如果自由地希望和接受，並在政治、經濟上合作無間的話，自不會發生任何紛爭，一定處得很好；可是，滿洲的情形，卻缺欠這種條件。(「李頓報告書」，七七頁)

日本爲經營鐵路和保護日僑，在滿洲駐紮軍隊，這是基於條約的當然權利，但在他國領土內留駐軍隊，就免不了紛爭。對於前述商租權的解釋，中日兩國之間的見解又不同。而且，日本領事館警察具有很大的權限，對這個警察權的行使，中日之間也有對立。尤其是有朝鮮人挿手時，便造成更複雜的糾紛。而在爆發九一八事變之前，曾發生轟動一時的萬寶山事件和中村震太郎上尉被殺事件。經過報紙的大肆渲染，這些事件成為國民關心的對象。

萬寶山事件（爆發於一九三一年七月一日）和中村事件，可以說是導致中日兩國在滿洲衝突的直接原因。根據「李頓報告書」，萬寶山是位於長春南方大約三十公里的一個村莊，為沿著伊通河的低濕地。在此地，介紹買賣房地產的中國商人，曾向中國人地主租地，然後把它轉租給一群朝鮮人。這些朝鮮人遂開始築造灌溉水溝和水道，以便抽出伊通河水，使這些土地適於水田耕作。

當朝鮮人完成相當長度的灌溉水溝，和因為水道橫斷中國農民的土地時，他們便成群向萬寶山當局提出抗議，希望政府出面為他們出力。於是，中國的地方官廳，遂遣派警察前往現場，對朝鮮人命令即時停止工程，並撤離該地方。與此同時，為保護朝鮮人，駐長春日本領事派了領事館警察到現地去交涉，但沒有成功。六月八日，雙方同意各撤回其警察，共同調查眞相。結果發現土地的租借契約本身有問題，雙方的意見有出入。隨即朝鮮人獲得領事館警察的援助，重新開始水路工程。因此於七月一日，大約四百名的中國農民成群結隊，趕走朝鮮人，埋掉大部份的灌溉水溝。而為著趕散中國農民，日本領事館警察竟然開槍，惟沒人受傷，朝鮮人仍然繼續其工事。

（「李頓報告書」，一三一——一三六頁）

因此，在朝鮮發生了反對中國人的暴動，並有許多人死傷。為此，中國方面遂又展開抵制日貨。可是，這個問題似並不是那麼容易解決。因為在萬寶山事件進行的一九三一年盛夏，又發生了中村震太郎被殺事件。中村是參謀本部的現役軍官，爲調查滿洲內地，僞稱農業專家（原文爲技師——譯者），在哈爾濱鐘毓公署領得護照。

根據調查這個事件之片倉衷的說法（中村在出發前，曾在旅順的片倉宅住過），基於中日條約，日本人在滿洲才擁有居住和往來的自由，但中村所去的洮南地方（洮南、索倫），卻是中國當局封禁之地。惟中國政府令屯墾軍到此地，意圖使漢民族幫助蒙古民族，開墾土地，採取礦物，因而不許外國人插足此地。由於對於這種區域需要特別的許可。所以中村便申領護照，帶著農藥前去「視察」。

中村帶領著在昂昂溪經營旅館（昂榮館）的井杉延太郎，從昂昂溪稍稍西邊之興安嶺山中，中東鐵路的車站南下，在泰來西角附近，爲屯墾軍關玉衡部隊所捕，以軍事特務的罪名而被殺死，並把屍體燒掉，以湮滅其證據。日方得到中村被殺的情報以後，遂令哈爾濱特務機關，奉天特務機關、領事館和滿鐵，分頭調查，惟因情報往往互相交錯，所以關東軍便決定統一調查，以片倉上尉爲中心，擇洮南爲根據地來進行。

如此這般，纔弄清楚眞相。但起初，中國當局一再地否認這個事實，迨至日方提出證據以後，無可奈何，才決定處罰關玉衡團長。惟因發生柳條湖事件，關玉衡逃脫了。

正如「李頓報告書」所說，中村事件遠比其他單獨的任何事件，大令日本人氣憤，從而開始作爲解決在滿洲的中日懸案，可以行使武力的煽動。（「李頓報告書」，一四〇頁）

當時的關東軍司令官本庄繁上將，於戰後（一九四五年十月上旬）曾經寫過手記「九一八事變的本質」，我認爲這是有關「事變爆發前之概況」的寶貴資料，因此雖然稍微長一點，我想來摘錄它。

「我之出任關東軍司令官，是一九三一年八月的事，而以前就日趨激烈之中國的排日氣勢，不管當時之幣原外務大臣熱誠的協調政策，此時已愈來愈惡化。……滿洲的一般情勢，眞是不堪憂慮。我的憂慮，因爲我赴任後沒多久就出去巡視我的管轄而感覺愈深。縱令南滿洲鐵道株式會社（以下簡稱滿鐵）附屬地和商地以外的所謂內地，帝國臣民之擁有居住及營業權，乃依小村（壽太郎）外相當時的所謂商租權而明顯，可是我卻目睹連以滿洲人爲對象之從事文化事業的醫生，祇因爲是日本人，而無由居住該區域。由於情形如此，在留帝國臣民遂不得不集體跼蹐於無異於點與線之上述的附屬地和商埠地，而對於帝國臣民的敵對仇視，且及於此等地區內，因之小學生之上學下課都得用軍隊來保護，沒有軍隊駐屯的地區，則無限期休校或停辦學校。因此，幾年前有一百二、三十萬的日僑（包括朝鮮人），逐漸回國，迨至爆發事變當時祇剩下不到一百萬人，而這一百萬人，大多是回國去既沒有工作又沒有住處的所謂第二世。

在另一方面，關東軍努力於服從欲儘量避免與漸漸尖銳化的滿洲當局發生摩擦之帝國政府的方針，除演習外，不揷足附屬地和商埠地以外地區，且演習時不許其攜帶實彈。可是滿洲的軍當局對於我方的演習，卻無視演習使用場所和時日等自由不通告的約定，便要我方預告，而我方預告時，則反過來利用同一時間和地點舉行演習，使我方的演習陷於困難甚至不可能；並且，有的甚至於乘我方無攜帶實彈，而加以示威、威脅，以增多事端。不特此，更片面地禁止我方在附屬地和商地以外的演習，以及拒絕我方特定演習場的借用和讓與，事實上封鎖了我軍的訓練。除此而外，對於日僑和官兵個別的侮辱事件和排斥事件，朝夕發生於街巷。

如此這般的不幸事件和不法事件，實不勝枚舉，是以我到任時，隨時隨地注意於一觸即發的危機。」（防衛研修所戰史室藏）（編者按：以上爲日方的片面之詞，據記載，眞正的挑釁者乃是日本）

無需說，軍人所最關心的是國防。而在第一線的日本軍人認爲，滿洲的國防如果發生危險的話，他們覺得除非先發制人，佔有這個地點，無法根本解決滿洲問題。

總而言之，中日兩國在滿洲的利害衝突，尤其是中國民族運動的方興未艾，由於日方對她因應的不恰當，其民族運動的特別激烈都是原因；而中國中央政府之維護主權與自尊，在教育、宣傳上利用抗日運動作爲統一國內的手段，使這個問題更加複雜。

其次，在滿洲實行「五族協和」，斷然推行革新（激進的）政治是個問題。根據「李頓報告書」，當時滿洲的人口大約有三千萬人。其中的二千八百萬人是漢民族和同化於漢民族的滿人，即所謂滿洲民族。朝鮮人八十萬人左右，大部分集中於靠近朝鮮的間島地方，其他的則散居於滿洲各地，爲數不多。俄國人大約十五萬人，包括自共產革命以來，被趕出蘇俄的所謂白俄羅斯人，大多住

在中東鐵路沿線和哈爾濱地區。日本人大約二十三萬人，群集於滿鐵沿線和「關東州」。(「李頓報告書」四八頁)

是即以漢民族爲主體的中國人，乃是滿洲的主要構成份子，但在日本國內，卻有一批人想分離滿洲和中國本土，並在滿洲建設「王道樂土」，換句話說，他們意圖在滿洲建設立基於國家社會主義的「王道樂土」，因此發生九一八事變以後，他們便反對三井、三菱等財閥插足滿洲。當然，這些運動，在爆發事變的過程中可以看得很淸楚，而滿洲領有論之所以變成獨立論，實以這種思想作背景。亦即他們在滿洲，想造出日本國內不同的狀態。

對於日本與滿洲的關係，第一次世界大戰後蘇俄、義大利、土耳其、德國和中國的政情也曾予以很大的影響。

一九一七年，俄國發生革命，推翻帝制，以列寧爲中心的共產主義者獲得政權；在義大利，以墨索里尼爲首的法西斯黨取得天下；在德國，希特勒的納粹崛起；中國出現革命軍的北伐統一。第一次大戰後，民主主義成爲時代的風潮，但獨裁主義並沒有消聲匿跡，這兩個互相矛盾的政治原理對立著。旣有國際親善主義的傾向，也有國家主義和民族主義的趨勢。而一部分靑年軍官則崇尙以國家主義和民族主義爲背景的獨裁政治和運動，它主張以武力推翻現今的政權；他們很嚮往於用實力去推翻現有的政權，以躍上權力的寶座。

我認爲，上述的種種原因，錯綜複雜地攪在一起，導致九一八事變的爆發。當然，我們不能把這些原因，機械地聯結在一起。我並不贊成日本片面地造成九一八事變的原因這種說法。我覺得九一八事變是，尋求壯大的日本民族之生命力在滿洲遭遇到抵抗，中日兩國的利益在滿洲的衝突。

九一八事變雖然發生於第二次若槻禮次郎內閣時代，但其種子早已於田中義一內閣時代種下去了。因此，我們應當檢討田中內閣對華政策的性質，和中國民族主義運動的種種。(原載民國七十一年九月十八日至廿一日「台灣新生報」)

九一八事變爆發前後

中村菊男

柳條湖事件的爆發

九一八事變以在柳條湖滿鐵線被炸毀爲其開端，而其炸毀，在戰前，都說是中國軍人幹的。參謀本部編纂的「九一八事變作戰經過概要」這樣寫著：「中國政府軍（兵力三、四百人）突然竟在柳條湖（距離奉天車站東北方大約七公里半）附近炸毀滿鐵本線」（第一卷一三頁）。連戰前不許外面者看的（它註明「禁止日本軍官以外者之閱覽」）正式的九一八事變史竟也這樣寫！遑論其他？

可是戰後弄清楚的事實是，這是關東軍的一部分軍官和少數外面者謀略工作的產物。這個謀略工作與事變的發展雖然不可分，但這兩件事應該分開來探討，因爲這個謀略工作是關東軍司令官以下大多數的幕僚所不知情的。

根據片倉衷的說法，參加謀略計劃的以關東軍高級參謀板垣征四郎上校和次級參謀石原莞爾中校爲中心，有奉天特務機關的花谷正少校、張學良顧問今田新太郎上尉、獨立守備隊的兒島正範少校、川島正上尉、步兵第二十九聯隊的名倉栞少校、奉天憲兵隊隊長三谷清少校、吉林特務機關的大迫通貞中校，民間方面有大杉榮事件的甘粕正彥、石原中校的後輩而早就脫離軍職的和田勁等人。換句話說，祇有極少數人參與其事，而譬如奉天特務機關長土肥原賢二上校、關東軍參謀長三宅光治少將、關東軍幕僚武田壽、中野良次、新井匡夫、幕僚附片倉衷等人都沒參加。而且，對其細節，板垣和石原並沒太過問，直接的謀略計劃係由今田推動，花谷則專門負責宣傳的工作。不過據說，到最後關頭，以花谷不能守秘而被踢開。

當時關東軍司令部的陣營，參謀部分成第一課和第二課。第一課有石原莞爾（作戰用兵）、武田壽（編制、動員）、中野良次（警備、兵站、交通）；第二課的人員爲板垣征四郎（謀略、宣傳）、新井匡夫（情報、諜報）和片倉衷（總務）。（中野良次「九一八事變的眞相」其一，自筆原稿，防衛研修所戰史室收藏）（譯註一）這時，片倉還是個幕僚附，迨至該年十月一日，他纔正式升任參謀。又，負責情報和諜報的新井參謀，沒有參與柳條湖的炸毀計劃，的確值得我們注目。

根據花谷正少校的手記，炸毀鐵路，原來預定於九月二十八日實行（但根據稻葉正夫的說明，所謂二十八日實行，並沒有文獻可據，它是花谷個人的說法，預定的日期應該是九月下旬。（「自由」，第五卷第十二號）。本來，準備以爆炸聲音爲信號，裝設在奉天駐屯軍營房（步兵第二十九聯隊）的二十八公分要塞砲（正確地來說，這是裝在獨立守備隊第二大隊兵營的二十四公分榴彈砲），將砲轟北大營的張學良軍營房，與此同時，駐紮奉天的部隊將夜襲並佔領它的，惟計劃變更，於九月十八日，獨立守備隊川島中隊的河本末守中尉等炸毀滿鐵線，並夜襲了北大營。（別冊知性「昭和秘史」四四頁及四六頁）但是，根據稻葉的說法，負責實行的是板垣參謀，執行者爲今田上尉和川島中隊二、三個軍官。（「國防」，一九六二年九月號）

九月十八日是，八月間就任關東軍司令官的本庄繁中將，結束初次巡視部隊，十七日在遼陽對各部隊訓辭後回到旅順的一天。本庄中將之上任關東軍司令官，是關東軍幕僚以爲前任司令官菱刈隆上將（八月一日出任軍事參議官）臨機不能決斷，因此要求而實現的。根據河野恆吉之「國史的最黑點」，本庄之就任關東軍司令官，在宇垣一成陸相時代就已決定，但卻爲南次郎陸相壓下來；而據說，宇垣召見本庄並面告其內定時，曾經要他特別留意險惡事件的發生。（「國史的最黑點」，上卷，一二五頁）

爲什麼祇令極少數人參加謀略計劃呢？這可能是由於比較合得來的人湊在一起；同時考慮到萬一失敗時，不要其影響到關東軍司令部立場所導致。我覺得，他們腦海裏，似乎盡是張作霖被炸死事件的事情。要採取非常手段，得防止洩露機密，還不能有太多人參與。而這種意圖從事謀略工作本身，就具有促進下剋上之風潮的因素。因爲軍隊最重視軍紀，軍紀如果不嚴格，軍隊的秩序將無法維持。惟有維持上下的秩序，統帥事項始能運用自如。可是，板垣、石原兩個參謀，卻以執行國策這個旗幟攪亂了當爲嚴格的軍隊秩序，播下下剋上的種子。事實上的權力，與其說是在於軍司令官，毋寧說握在其幕僚，因此，軍司令官的意思，並不能十分表達。

爆發柳條湖事件那一天，三宅參謀長、新井情報主任和片倉上尉等人在旅順：板垣、石原、中野、武田等參謀則跟隨軍司令官前往北方。但九月十六日，卻由東京打電報到旅順的軍司令部，說是將於九月十八日遣派建川美次（參謀本部第一部長）前來奉天，要板垣或石原去迎接。於是把這個電報轉到遼陽，而決定由板垣去接建川，石原以下各幕僚跟著軍司令官回到旅順。可是在參謀本部聯絡說要派遣建川到奉天之前，大川周明的門生中島信一則把這情報帶來旅順了，據說，當時，板垣與參謀本部的重藤千秋（中國課長）和橋本欣五郎（俄國班長）之間，曾用著簡單的暗號，以爲電文的聯絡。

根據中野雅夫編「橋本上校手記」的說法，橋本與板垣之間的私人暗號，本爲建川、板垣之間所用者，惟在發動事變之前，橋本向建川借用的。以這個暗號，橋本曾對板垣電報說：「事洩當即行」、「建川到達奉天前即行」、「內地不必耽憂即行」。由此當可窺悉，第一線似有相當的動搖，但板垣和石原的決心卻不變。不過已經沒有時間唆使滿洲浪人製造大規模的挑撥戰爭行爲，以爲關東軍出動的藉口，所以板垣遂不得不令今田在柳條湖炸毀滿鐵線，以它爲藉口，以便開戰。（「橋本上校手記」，一二三—一二四頁）。

但是，爲什麼要由中央遣派建川呢？因爲計劃事變的情報，已由奉天總領事館報告到外務省，並在內閣會議席上，幣原喜重郎外相曾問南次郎陸相有無其事。亦即九月十四日，由於撫順的守備隊長川上精一上尉曾經商洽有關警備演習事，而令人覺得關東軍要「搞鬼」。撫順是以露天開採馳名的煤鑛所在地，爲警備煤礦，駐有一個中隊的守備隊。可是，川上上尉卻接到上司的指示，於九月十四日，集滿鐵、領事館警察、憲兵隊和在鄉軍人會，說將來一旦有事，撫順駐屯隊將出動去攻擊奉天東方東大營附近的機場，現役部隊出動之後，要由在鄉（退役）軍人和警察來保衛，與此同時，指示滿鐵準備隨時能出動守備隊的列車（客車、貨車各二輛）。滿鐵負責人和林久治郎奉天總領事皆接到這項報告，林總領事遂把這件事報告幣原外相。（幣原喜重郎證人在遠東國際軍事法庭的陳述書「遠東國際軍事裁判速記錄」（第十五號）；田中隆吉證人的發言（同上，第二十五號）；以及「遠東國際軍事裁判速錄記」（第二十八號））於是遂應南陸相的要求，派遣建川前往滿洲。

但是，「今村均上將回憶錄」卻這樣說，建川少將之遣派，乃是關東軍參謀長三宅少將的要求，本來要求的是建川少將和小磯國磯軍務局長的往訪。惟因軍務局長放不下公務，所以便電告關東軍，建川單獨於十六日出發，十八日下午抵達奉天。在表面上建川雖然以視察現地狀況為目的，但據說是負有說明參謀總長和陸軍大臣的意圖，亦即負著轉達他們要其再隱忍持重一年的使命。

（今村均「皇族與士官」，一九七頁）

作戰部長出差滿洲期間，則由作戰課長的今村均上校代理部務。

由以上所述，幣原外相推測到沒多久就爆發的柳湖事件乃為關東軍的計劃性行動，實在不是偶然的。

又，林久治郎奉天總領事對幣原外相，於十九日，就柳條湖事件報告說：「此次事件完全是出自軍部的計劃性行動」（外務省編纂「日本外交年表及主要文書」下，一八一頁）。如果閱讀這一連串電報，則可以明瞭關東軍積極行動的理由。

在另一方面，國民政府的王正廷外交部長，曾對重光（葵）公使就柳條湖事件提出嚴重的抗議。而為收拾局面，重光曾與國民政府的要人宋子文、張羣交換過意見（重光葵「外交回想錄」一〇五－一〇六頁）。

爆發柳條湖事件的消息，很快地（下午十一時五十分及十九日上午零時三十分）由奉天特務機關以電報報告到關東軍司令部。在這以前，在奉天的板垣上校便獨斷（沒等軍司令官的命令）令獨立守備隊第二大隊（指揮為島本正一中校），並指揮將到達的獨立守備隊步兵第五大隊，即時攻擊北大營，並對步兵第二十九聯隊（指揮官平田幸弘上校），下達進攻奉天城的「軍命令」。（參謀本部編纂「九一八事變作戰經過概要」第一卷，一五頁）

接到這個報告之旅順的新井、武田、中野、片倉各幕僚，遂在參謀長公館附近柳樹下討論是否援助這個事件。片倉上尉曾由花谷少校相告以「計劃已流產」，對於柳條湖事件也毫無所知，花谷少校則很失望的樣子。商量結果認為：「板垣和石原沒有跟我們打招呼就幹，實在不應該；搞不好，很可能成為第二炸死張作霖事件。但情勢既已成熟到這種地步，祇有幹」。（據說，九月十九日，片倉與花谷一碰面，便責花谷說：「您騙了我」，花谷答說：「我沒騙你，結果變成這個樣子而已。非常抱歉。」）是即其他幕僚對於板垣和石原的這種作法雖然有反感，但局勢既然進展到這種田地，便覺得不能不幹。而在「追認」該事件的爆發這一點，中央的感情也是一樣的。這等於說，自其開端，九一八事變是以「追認」的方式發展下去的。

根據前述曾任中將之中野良次的說法，軍司令官檢閱結束後，在遼陽所舉行軍司令部與第二師團軍官的午餐會席上，曾經聽到第二師團的年輕軍官們在談論說：「這時候檢閱太消極」，「軍司令部究竟在搞什麼」，「某某在司令部可以放心」等等。這時，軍司令官以下一行的大部份，搭乘十八日下午一時三十多分，開往大連的快車（鳩）回到旅順，而第二師團的人，於十八日深更半夜接到出動命令時，都以爲是重作白天的檢閱。（前述「九一八事變的眞相」，其一）

在軍司令官面前，根據參謀會議的結論，作戰主任石原中校對軍司令官建議說：「應該斷然發起全軍的行動，以制敵人中樞之死命」。當時，軍司令官並未決心要發動攻擊，而擬集軍的主力於奉天，以解除張學良軍的武裝，但軍司令官卻採擇了其幕僚既然進入交戰狀態，奉天的攻擊自應任由第二師團長部署，當先解除營口和鳳凰城的武裝，監視長春的意見。

那時，中國軍在東三省的狀況是，由東北邊軍司令官張學良統轄指揮，分成國防軍、省防軍和非正規軍，國防軍分駐各省，省防軍和非正規軍則永久駐紮省內。此外，有通信、鐵路、裝甲車、航空等特殊部隊。（前述「九一八事變作戰經過概要」第一卷，上，七頁）中國軍隊的主力在奉天附近，另外在長春、紅頂山、八面城、梨樹、懷德、仁桓、鳳凰城、大東溝、營口等地也駐有正規軍。

自一九三〇年四月以來，政府軍與馮玉祥、閻錫山之間處於交戰狀態，張學良乘這個機會，插足京津（以七萬兵力），未損一兵一卒，就獲得這個要地。由此，張學良在北平就任中華民國陸海軍副總司令，而為壓制從一九三一年初抬頭的反張運動，增加其兵力，迨至爆發九一八事變前夕，幾達十一萬五千人，其總兵力竟為四十五萬人。（前述「九一八事變作戰經過概要」第一卷，上，八頁）

對於上述幕僚的建議，軍司令官一直不同意出兵，而本庄、三宅、石原正在交換意見時，來了第二批報告，說是獨立守備隊主力也參加了戰鬥，並已有死傷者。第二十九聯隊即已攻擊奉天，軍司令官也就無可奈何，纔裁決進軍。是以本庄軍司令官決定其意志之經過相當長的時間，很值得我們注目。

如此這般，本庄軍司令官遂率領其大部份的幕僚，於十九日上午三點三十七分，與步兵第三十聯隊，由旅順往奉天出發，同日中午左右抵達奉天。

關東軍的內部情形

但是，關東軍司令部的意圖是怎樣呢？

它所注重的是，如何維護隨中國民族運動的進展而逐漸受到威脅的，俄日戰爭以來日本在滿洲的特殊權益。但軍人所最關心的還是國防的問題。

關東軍駐屯的目的爲，如關東軍司令部條例（制定於一九一九年四月）第一條所說，在於「防備關東洲和保護南滿洲的鐵路」。該條例第三條又規定：「爲防備關東州和保護其鐵路，軍司令官認爲必要時得使用兵力」。現在，關東軍斷定滿鐵受到重大的威脅，所以情事非常重大。

張作霖被炸死事件以後，窺悉其眞相的張學良，如前面所說，實行易幟，擁護國民政府，在滿州插起青天白日旗子。這當然爲關東軍和滿鐵當局所不能忍。排日、抗日意識高漲，妨害日人商店，凌辱日本婦女，暴行，迫害學校兒童事件迭起，以萬寶山事件爲轉機之各地的壓迫朝鮮農民事件、爲其報復之在朝鮮的抨擊中國人事件、各地的排斥日貨事件、以至於中村震太郎上尉被殺事件，而達於最高潮。

陸軍省曾於一九三一年十月，發行過題名「關於中國的排日和侮日」的小册子，在這小册子裏，就中國的排日運動舉例作這樣的說明。

譬如「中國官警的排日指令」，舉出㈠壓迫商租權，㈡防止盜買土地及移民，㈢排斥日貨，㈣取締旅行內地的日人，㈤妨害日方的文化事業等例子，同時列舉中國實行排日教育和過去幾年來排日、侮日行爲的實例。當然，由今日來看，有些是誇大宣傳，但排日抗日的空氣，在九一八事變的前夕，的確比以往厲害得很多。而生活在此種氣氛下的滿鐵工作人員及其眷屬，和一般日人之非常難堪，自不待言。他們都覺得，俄日戰爭以還日本在滿洲的特殊地位，很可能由此而「嗚呼哀哉」。是即「李頓報告書」裏所說的愛國心，國防的絕對需要和特殊條約上的權利合而爲一，形成日本在滿州要求特殊地位。但是，日本人心目中的特殊地位，並不限於與中國或與其他國家間的條約和協定所規定的內容。俄日戰爭之遺產的感情，歷史的聯想，以及最近二十五年來日本企業在滿洲的成果，都是要求特殊地位的現實的一部份。(「關於中國的排日和侮日」，八〇—八一頁)

日本如果失去滿洲的特殊地位，朝鮮的統治將發生困難，對日本的國防，更是嚴重的問題。因此，日本得根本而徹底地解決滿洲問題。根本的解決就是發動武力，佔有滿洲。

佔有滿洲，獲得其統治權，第一，在國防上可以建立阻止共產主義俄國之東進擴張政策的禦線；第二，能對正在展開民族主義（反帝國主義）運動的中國本土加以壓力，同時滿洲將成為蘇俄和中國本土的緩衝地帶；第三，它是解決日本的人口、農村和資源問題的最好場所。

在日本國內，如前面所述，因為經濟上的不景氣，農村疲弊，許多中小企業破產，知識份子失業。迨至昭和初年，第一次若槻禮次郎內閣，為因應不景氣，欲制定有關救濟臺灣銀行的緊急勅令，惟在樞密院被否決，而終於提出總辭職。當然這與前面所說，若槻內閣幣原外相的對華不干涉政策，遭遇到反對黨（政友會）一部份分子的策略和政界上層的抨擊不無關係。於是成立政友會的田中義一內閣，田中內閣因為張作霖被炸死事件而垮臺，繼而出現民政黨的濱口雄幸內閣，幣原外交因之捲土重來。但這卻不能滿足對華積極論者。日本的內閣雖然自若槻、田中、濱口而又變到若槻，但中國的排日和抗日卻沒變。

在政界，從昭和初年開始有貪污，國民對於選舉中政友、民政兩黨的激烈政爭，很不以爲然。而且如三・一五事件，四・一六事件等等，相繼發生檢舉共產黨員事件，社會顯得非常暗澹。與此同時，因爲美國主義的影響，呈現色情、離奇的時代，而被認爲這是由於自由主義所導致。

在這種情勢之下，於一九二八年十月，石原莞爾志願出任關東軍參謀，而與於一九二九年五月，由步兵第三十三聯隊長轉任關東軍參謀的板垣征四郎，意氣相投，而一起謀求滿洲和蒙古問題的根本解決。

板垣與石原之互相認識，是在漢口工作之時（石原於一九二〇年九月四日擔任漢口華中派遣隊司令部附，成爲所謂板垣機關的一員—藤本治毅「石原莞爾」七七頁—）；板垣雖然不像石原那麼精明，但卻很富於行動力。所謂知謀的石原和實行的板垣之結合，於焉誕生。石原不僅以歐洲軍事學的研究馳名，而且也是個日蓮宗的熱烈信徒。以信仰日蓮宗的信念爲基礎的軍事學知識便是石原的戰爭哲學，也就是所謂「世界最後戰爭論」的構想。從軍事學的觀點，石原批評了俄日戰爭。他透過歐洲腓特烈大王和拿破崙的戰略研究，而確立了他自己的戰爭史觀。

在九一八事變之前，石原基於下面的想法領導著關東軍參謀部。

即以「世界大戰之爆發，決非很久的將來之事，從現在起，我們應有充分的準備和覺悟，但在目前，我們應該注意我們身邊的事」（石原莞爾「現在及未來的日本國防」，朝日新聞社刊「到太平洋戰爭之路」別卷，資料編，七八頁）爲前提，以中國問題的解決爲世界最後戰爭的一環。石原認爲：「滿蒙問題的積極解決，不但爲日本所必需，而且應爲多數中國人所歡迎，亦即爲著正義，日本必須斷然實行。從歷史上關係等觀察，滿蒙與其說是屬於漢民族，毋寧說是屬於「日本民族」（石原中校案「作爲國運迴轉之根本國策的滿蒙問題解決案」，前述「到太平洋戰爭之路」別卷，資料編，八六頁），亦即解決滿蒙問題的鑰匙，握在日軍手中。石原提出其根本解決的方法如左：

1. 滿蒙問題的解決，惟有日本佔有該地方，始能完全達成。

2. 對華外交就是對美外交。爲著達到前述的目的，應有對美國戰爭的覺悟。如果眞正不能對付美國，日本以趕緊解除其全部武裝爲有利。

3. 在對美持久戰，以爲日本無法獲得勝利，是因爲不理解對美戰爭之本質的結果，俄國的現狀，日漸予我以絕好機會。（同前述一書，同頁）

他認爲如果完成了對美戰爭的準備，則應即時開戰，將滿蒙的政權握於日本手中，合理地開發滿蒙，日本的景氣便將自然地恢復，知識份子的失業將獲得解決。要之，所謂石原構想，乃是一種天才的閃現，其立意雖然蠻吸引人，但卻不合乎邏輯。換句話說，爲解決滿蒙問題，日本非佔有滿蒙不可，而這樣做將避免不了跟美國一戰，到這裏的理路是井然的，而事實上歷史也是如此演變，但說在對美戰爭的過程中日本將獲得勝利，無異是抽象的大言壯語。但無論如何，在當時，對於滿蒙問題積極解決論者來講，石原構想還是具有天大的魅力。

在爆發事變之前，中央曾制訂「滿洲問題解決方策大綱」，以建立「對於緩和滿洲張學良政權的排日方針，則與外務當局密取聯絡，以期其實現，關於要令關東軍的行動慎重，則由陸軍中央，予以週全的指導。以上述的努力，如果排日行動還是發展下去的話，也將不得不採取軍事行動」（彌斯茲（平假名音譯）書房刊「現代史資料」，七，九一八事變，一六四頁）的方針；而根據「今村均上將回憶錄」的說法，這個方針本擬於八月間完成，要在九月初的會議中審議的（前述「皇族與士官」，一九三頁）。這個大綱寫著：在軍事行動時，「需要何種兵力，應與關東軍協議後，在作戰部計劃，以得上司的裁決。為求內外之理解的措施，以大約一年亦即以到明年春天為期限，綿密地實施。令關東軍首腦部熟悉中央的方針和意圖，在將來的一年，要隱忍持重，避免被捲入因為排日行動所引起的紛爭，萬一發生紛爭時，要局部地處理，不要使其擴大範圍」（同上），對於發動武力，非常慎重。

為確立這個方針，陸軍省、參謀本部的五課長會議（委員長建川美次、永田鐵山、岡村寧次、渡久雄、山協正隆、重藤千秋）於六月十一日，初次開會，爾後加上了今村均和東條英機，降至九月，成為八課長會議，而對滿蒙方針的大致完成，據說是六月十九日的事情。

上述這個「滿洲問題解決方策大綱」，理應已由三宅關東軍參謀長報告了軍司令官，但石原卻具有不同的想法。總之，關東軍成為石原構想的推動力，而並沒有致力於改變中央的態度。這固然是由於石原之崇尚孤高，欠缺協調的性格所導致，但對於局勢的認識，石原與中央有出入卻也是無可否認的事實。

前面我們說過，板垣與中央的重藤、橋本一黨有聯絡；但石原卻既不喝酒，性情又潔癖，因此討厭參與十月事件的橋本、長勇等，這類好豪遊酒館和大言壯語的人。他既不接近櫻會，而就九一八事變的計劃，又沒跟中央的任何人商量過。

把石原推薦爲關東軍參謀的是，跟他同期的飯村穰（日後爲中將）。當時石原擔任陸軍大學教官，得悉石原有意赴任關東軍的飯村，在陸大參謀旅行滿洲的途中，跟關東軍高級參謀河本大作談的結果，實現了石原的赴任（飯村氏對筆者的談話）。在這以前，河本與石原並沒有太深的關係。而板垣是，因爲炸死張作霖事件後，接任河本纔到關東軍的。所以，石原與中央「共同陰謀」的說法，應該不能成立。

中野雅夫編的「橋本上校手記」（一九六三年出版）說「板垣與石原是代表關東軍的同志」（一〇七頁），中野認爲「板垣征四郎與石原莞爾既然是同志，很可能都是櫻會的會員」（一〇八頁），但這與事實不符。板垣和石原是於一九二九年五月在東京降世的一夕會會員；會員爲士官學校十四期到二十五期之陸軍內部的主要人物大約四十人，其大部份人，曾在九一八事變扮演過重要的角色。一夕會是同人會（雙葉會）和國策研究會（木曜會）合併而成，從大正末期到昭和初期，則已在集會。（稻葉正夫「九一八事變」（一）國防，一九六四年六月號）

一夕會的會員名單如左：

十四期　小川恆三郎
十五期　河本大作　山岡重厚
十六期　永田鐵山　小畑敏四郎　岡村寧次　小笠原數夫　磯谷廉介　板垣征四郎　土
　　　　肥原賢二　黑木親慶　小野弘毅
十七期　東條英機　渡久雄　工藤義雄　飯田貞固　松村正員
十八期　山下奉文　岡部直三郎　中野直晴
三十期　橋本羣　草地辰巳　七田一郎
廿一期　石原莞爾　橫山勇　町尻量基
廿二期　本多政材　北野憲三　村上啓作　鈴木率道　鈴木貞一
廿三期　清水規矩　岡田資　根本博
廿四期　沼田多稼藏　土橋勇逸
廿五期　下山琢磨　武藤章　田中新一
其聯絡人爲清水、土橋、武藤三人。

又，這些人在爆發九一八事變當時的職位爲，永田是軍事課長，村上、鈴木、土橋爲其課員，岡村是補任課長，飯田是馬政課長。在參謀本部，東條是第一課長，清水爲部員，鈴木（率）是第二課部員，渡爲第五課長，根本爲第六課部員，磯谷是教育總監部的第二課長，皆佔有重要的地位。在關東軍，板垣是高級參謀，石原爲作戰參謀，土肥原任奉天特務機關長。

櫻會由橋本欣五郎、樋口季一郎、坂田義郎等人發動所組織，具有對抗一夕會的味道，但負實際責任的是橋本。談到九一八事變，有的人很重視櫻會，但在事實上一夕會扮演了更重要的角色。

我認爲，石原之世界最後戰爭的構想，在分析日本的主觀條件這一點上，有很大的缺陷。亦即他的看法太樂觀了。石原的構想力雖然非凡，但在爲其過程的政策計畫和實行，卻很薄弱。他的主張常常出人意料之外，而令人覺得蠻有道理，但卻經不起長期的考驗。像石原這種具有強烈而異常性格的人，對於崇拜他的人們來講，非常有魅力，但一般人恐怕都不會欣賞。石原不是具有在國家這種大機構裏，能領導它之性格圓滿的人。

總之，因爲所謂石原構想而爆發九一八事變，並獲得某種程度上的成功，但它卻發展爲中日事變和對美戰爭，從而導致日本的亡國。這是石原構想重大缺點的暴露。這可以關東軍以其獨自的構想推行，第一線與中央缺欠意志的溝通，造成下剋上的風氣，因之軍規紊亂，和主觀條件未成熟就從事對美戰爭來證實。這是與石原的主觀意圖毫無關係之石原構想本身客觀的必然結論。

關東軍的情勢判斷

那麼，當時的關東軍司令部是作了怎樣的情勢判斷呢？首先，他們所關心的是蘇俄的態度。

日軍如果在滿洲採取行動，蘇軍是否會干預是個重大問題；而關東軍則下了如下的情勢判斷，不祇限於蘇俄，「如果第三國妨害我國策的執行，應以不惜使用武力的斷然決心對之。如果沒有這種決心和成算，自不可能實行對華政策」（一九三一年八月左右，關東軍參謀部所擬「關於情勢判斷的意見」，前述「到太平洋戰爭之路」，別卷，一〇八頁）。

換句話說，為解決滿蒙問題，他們知道除非覺悟與美蘇一戰，不能實行。但眼看滿洲的情勢，俄日戰爭後，北滿屬於蘇俄，南滿為日本的勢力範圍，而中東鐵路的權益，因為一九二九年的中蘇紛爭，又歸於蘇俄之手，加以五年計劃的結果，蘇俄的勢力可能會更加強大，因此需要予以先發制人。在還沒完成五年計劃之前，如能先掌握滿洲，蘇俄領土的沿海州將難確保，日本在軍事上將佔著有利地位；如由軍事上觀點來看，蘇俄善於野戰，如果在廣大的平原地帶作戰，將對日軍不利，所以便有先發制人的想法。故關東軍司令部遂認為，在軍事負擔不會太大之前，開始採取行動對日軍比較有利。

第二，如前面所說，除蘇俄外，也假想跟美國衝突，惟他們判斷，美國跟日本打仗的可能性不太大。美國在傳統上雖然提倡開放門戶和機會均等主義。但卻非常關心俄日戰爭以後滿洲的鐵路，因而有哈里曼（E.H. Harriman）的美日共同經營滿鐵問題，斯特勒特（W.D. Straight）奉天總領事的創立滿洲銀行計劃，諾克斯（P.C.Knox）部長的滿鐵中立化案，錦瑷鐵路借款問題，四國借款團問題等等，在滿洲投資的計劃，其動向雖然不容忽視，但以美國的國力，似不會以武力干預滿洲問題，所以美國不可怕。

第三，英國關心中國本土，尤其是華中和華南，因此以武力干涉滿洲問題的可能性不大。

第四，國際聯盟大概不致於援用其盟約第十六條的規定，採取封鎖經濟的措施。（這主要地根據片倉衷氏的談話而寫成）

由以上所述，關東軍司令部判斷，列國似不會干預日本在滿洲的行動。

張學良擁有如前面所說的兵力，其大約一半在滿洲。而且購有法國的飛機；反此，關東軍的兵力祇有一個師團和獨立守備隊六個大隊。

當時日軍的狀況是，關東軍司令部、第二師團、獨立守備隊、旅順重砲兵大隊和關東憲兵隊，而駐紮第二師團（師長多門二郎中將）的編制如下：步兵第三旅團步兵第四聯隊（本部及第一、第二大隊、機鎗隊、步兵砲隊、步兵山砲中隊）、步兵第二十九聯隊（本部及第一、第二大隊、機鎗隊、步兵砲隊、步兵山砲小隊）、步兵第十五旅團步兵第十六聯隊（本部及第二、第三大隊、機鎗隊、步兵砲隊）、步兵第三十聯隊（本部第一、第二大隊、機鎗隊、步兵砲隊）、騎兵第二聯隊（本部及第一中隊）、野砲兵第二聯隊、（本部及第一、第二大隊、聯隊段列），工兵第二大隊第二中隊（三個小隊）；步兵大隊的編制爲本部及三個中隊；野砲大隊則由本部及兩個中隊的編制而成。此外，獨立守備隊並不採取聯隊編制，而在司令官（森連中將）之下，設司令部及步兵第一至第六大隊（各大隊有步兵四個中隊、機鎗隊和步兵砲隊）。（前述「九一八事變作戰經過概要」第一卷，

上，五—七頁）

通常，師團的編制是兩個旅團、四個聯隊，惟因各聯隊都把留守部隊留在日本國內，所以在實際上並沒有一個師團的兵力。而且，砲兵聯隊也把它的一個中隊留在國內，因此一共祇有六個中隊，工兵，騎兵也缺少一部份，更沒有輜重兵。

理由是，關東軍的駐屯，乃基於俄日媾和條約，其兵力有限制。詳而言之，該和約第三條追加約款有這樣的規定：「兩締約國，在滿洲爲保護各自的鐵路，保留得設守備兵的權利。守備兵的數目，每一『公里』不得超過十五人。日本國及俄國軍司令官，在上述最大數目範圍內，視實際需要，以雙方的同意決定守備兵數目於最低限度」（外務省編纂「日本外交年表及主要文書」，上，二四八頁），即鐵路守備兵的數字，有明白的限制。

包括這些條款，清國承認了日本由俄國獲得的權利（「中日關於滿洲的條約」，簽訂於一九〇五年十二月二十二日）。但守備鐵路的軍隊，起初屬於關東總督的管轄，迨至一九〇六年八月，開始實施關東都督府制度以後，便由它來掌管。從一九〇七年四月，由於新設獨立守備隊六個大隊，駐屯部隊遂減至一個師團。一九一九年四月，廢止關東都督府，制定了關東軍司令部條例。

除此以外，海軍於關東州和華北沿岸，有第二遣外艦隊（旗艦球磨、第十六驅逐隊刈萱、芙蓉、朝顏，司令官津田靜枝少將）在從事警備，而爆發九一八事變當時，旗艦球磨在青島，第十六驅逐隊在旅順。不過如後面所說，爆發事變時，海軍並不積極。

中央對於事變的態度

果爾，對於滿洲的這個動向，中央究竟採取了什麼態度呢？受到幣原外相警告的南陸相，如前面所述，遣派了參謀本部第一部長建川美次前往滿洲，以制止關東軍的行動。南陸相曾令建川「一定要制止」，但建川卻「並無意制止它」（田中隆吉證人在遠東國際軍事法庭的作證，「遠東國際軍事裁判速記錄」，第二十五號）。建川很可能以爲，事竟至如此，實無可奈何。而中央之遣派建川，似基於「能以強硬派制強硬派」的想法，但建川的內心，我認爲既不像中央那麼消極，也不若現地者那樣積極。建川之往訪滿洲，如前面說過，由參謀本部的同志以暗號事先通知了第一線，但建川的心情，我相信是盼望著在他到達現場以前爆發事變。（中村菊男「昭和政治史」七七頁）

由於說是建川要來，現地者便討論什麼時候幹，再等時機和應該即時幹的意見，互相對立，但終於決定九月十八日採取行動。

爆發事件的第一則消息於九月十九日上午一點零七分到達陸軍中央。根據這項電文，發動這個事件的絕對是「暴戾的中國軍隊」，獨立守備隊是不得已應戰的。日軍的攻擊係基於自衛權，同時以形勢不許預斷的語句爲請求增加兵力的伏線。（前述「到太平洋戰爭之路」第二卷，九一八事變，八頁）自始參謀本部就受了騙。

於是從第二天早晨，參謀本部和陸軍省便爲其對策而繁忙，「九一八事變機密作戰日誌」曾就九月十九日早上的會議情形（出席者陸軍省是杉山次官和小磯軍務局長；參謀本部爲二宮次長、梅津總務部長、今村第一部長代理、橋本第二部長）這樣寫著：

「會議一開始，即由二宮次長就其所得情報作一番說明，並說爲鞏固省部間同仁對此時局之決心的基礎纔有此次集會；軍務局長說，關東軍這次行動全部是對的，大家對這說法並無不同意見。

席間曾討論是否需要以兵力增援關東軍。次長和第二部長主張有此必要；軍務局長似在憂慮人們或會誤解是不是其爲軍部有計劃地所製造的事端。

但最後全體一致贊成增加兵力，並決定由第二課準備增兵草案，由軍事課準備向閣議提出是項腹案，然後散會」（前述「到太平洋戰爭之路」別卷，資料編，一一三頁）。

由這個報告，我們可以知道陸軍中央祇是追認事件的發生，他們並沒有要積極地行動。譬如小磯軍務局長的發言，很是謹愼，並未積極地參與侵略中國的陰謀。

根據小磯國昭之「葛山鴻爪」的說法，八月一日，花谷少校由滿洲回到東京，往訪小磯軍務局長，試探其意見時，曾對花谷說中央要和平解決，「並說明陸軍裝備之不充足的現狀和改善裝備之刻不容緩，這需要相當長的時日；如介入滿洲的騷亂，恐怕引起跟蘇俄的衝突，因此，在還沒完成改善裝備作業之前，無論遇到任何情況，都應該避免戰爭」（「葛山鴻爪」五三二頁）。萬一在滿洲發生事變，軍隊的一部份縱令參加了，「也要斷然予以鎭壓，和平解決」（同書，五三三頁）。

這種態度，我們也可以從下面作戰部內的空氣窺悉。「當時部員所想的，大致擬照既定對華作戰計劃的主旨，令朝鮮軍的一部份應急增援，並似在準備應急動員第十師團，以便派往；及至得悉關東軍的行動極其迅速，中國軍的抵抗並不頑強，而具有或可不必大規模出兵的想法」（前述「到太平洋戰爭之路」別卷，資料編，一一五頁）。

就是說，當局者把事變的發生，祇當做一個「突發事變」。

這時從朝鮮軍來了要增援關東軍以航空二中隊，並正在準備令混成旅團（由步兵第三十九旅團嘉村達次郎少將指揮，包括步兵五大隊、騎兵一中隊、野砲兵二大隊、工兵一中隊）出動到奉天方面的電報。對此，參謀本部第二課的想法是，「認爲應迅速使其獲得奉勅命令的允裁，俾將其行動還於（天皇）大權之下；對於準備出動的部隊，爲令其依大命隨時能出動，準備呈請命令的允裁」（同書，一一四頁）。但參謀總長卻「以朝鮮軍之獨斷行動爲不應該，而表示不滿」（同前）。於是爲阻止朝鮮軍的獨斷行動，必須「採取週到的措施」，因而不僅對軍司令官，並且對於步兵第三十九旅團長和新義州守備隊長打電報，「令部隊不越境」（同前）。但航空部隊的一部份卻於十九日下午，部隊主力於二十日上午到達了奉天。

十九日上午十時，若槻內閣舉行了內閣會議，在閣議前，首相曾特別再問南陸相說，關東軍這次的行動，是眞的對中國軍的「暴戾」所採取的自衛行動嗎？南陸相答說是不錯。閣議中，陸相和外相曾各就其所謂情報有所報告，據說外相「所得情報有許多對陸軍非常不利」。因此有這樣

的記載：「外相的言辭，在言外之意，似在推測這次的事件是軍部有計劃地所製造」（同前）

很顯然地，幣原外相懷疑著軍部的意圖，對軍部具有不信任感。這是政府與軍部步調不一致的原因。

在第一線，似也有這種空氣。塚本（清治）關東長官對中央極機密的報告（一九三一年十月六日）這樣說著：「對於此次的事變，在中央，外務與陸軍的意見不同。在現地，軍部與總領事館之間，其想法也不一樣。因此，有些日本人憂慮著，在國家這樣重要的時期，這將引起很大的不利」（慶應大學法學部研究室藏），並說滿洲輿論界的代表正在計劃到東京，俾對政府要求統一國論，以達到（國家的）目的。

如此這般，閣議遂決定：「以不把事態擴大到現在的程度以上爲方針」（前述「到太平洋戰爭之路」別卷，資料編，一一五頁）。

反此，第一線的情況是怎樣的呢？對於中央不擴大、消極的空氣，第一線是很想一舉解決懸案的，因而決定採取無視或輕視中央的意向，擴大軍事行動的方針。

滿蒙問題解決方策的決定

九月十八日，抵達奉天的建川，爲板垣騙到奉天十間房的日本料亭「菊文」，那天晚上，就爆發了事變。這時，偷偷裝設在奉天獨立守備隊兵營的二十四公分大砲砲轟著張學良軍的兵營（北大營）。這個幾乎震動地軸的砲聲，大令人們驚慌失措。

十九日下午六時左右，關東軍司令部（臨時設在奉天車站）接到陸軍大臣和參謀總長的電報，命令其不可擴大事態。繼而由朝鮮軍司令官通報說，增援部隊的派遣被阻止，同時聯絡說，除航空部隊外，在新義州以南待機著。因之，關東軍司令部覺得很可能重演炸死張作霖事件（譯註二），而非常焦急和緊張。因爲，關東軍掌握了北大營和奉天附近，其部份部隊且在南嶺及其他地區戰鬪中。

於是，幕僚們便就如何收拾這個局勢交換意見，而從那天晚上起，軍司令官和幕僚們則住進瀋陽館，軍司令部遷移到奉天的東拓會社事務所，在瀋陽館召開會議，大家認爲建川少將既然在此，應該聽聽他的竟見，遂於下午十一點前後，遣派片倉上尉前往菊文。在菊文料亭，建川與片倉爭論了一小時，爾後片倉陪建川來到瀋陽館。從深夜十二點鐘到上午三點鐘左右，建川與板垣、石原、花谷、片倉五個人聚首於此。建川建議說「目前是實施情勢判斷第一個階段的時期」，並有所說明，但板垣與石原則相繼予以反駁，他們三個人曾爭個不休。

建川之到達奉天是九月十八日下午九點鐘左右，而他與關東軍司令部接觸是上述的時間，先後相隔整整一天。對於關東軍來講，與其說是他們正忙於戰鬪，毋寧說是反對建川的「干預」。由此我們當可窺悉在事變的演變過程中，連強硬派的參謀本部作戰部長也被「拒於千里之外」的情形。

根據片倉的說法，這時他們爭論的有以下兩個問題。第一個是軍事行動要到什麼程度的問題，對此，建川主張第一，南方可以達山海關，但北方，卻絕不能越過洮南和洮兒河之線的北方。亦即建川深怕因進入北方，而與俄軍發生衝突。第二，希望乘這個機會，樹立親日政權，與其合作，北滿問題不用武力而以謀略工作來謀求解決。

反此，板垣、石原和花谷則認爲，如不乘此根本解決滿洲問題，恐無其他機會；若躊躇根本解決，很可能變成第二個炸死張作霖事件。其次是判斷俄軍絕對不會出動。換句話說，欲乘這個機會根本而澈底地解決滿洲問題之關東軍的意見，與從國際上觀點，認爲很危險建川這種意見的對立。由於雙方，各堅持己見，無從調整，因此建川遂回到菊文，並決定隔天（二十日）上午十點，與本庄（繁）軍司令官會面。由此建川的想法也有所改變，而於九月二十二日成立了一個妥協的方案。

這個妥協案是，第一，把滿洲從中國本土分開來解決。所謂分開，並沒涉及到政治領土的問題。第二、考慮到在天津的宣統帝。第三，以創建滿洲各民族之共存共榮的樂土爲其根本主義，從而擬定了如下的「滿蒙問題解決方策案」。

第一　方針

樹立受日本支持，以東北四省和蒙古爲領域，由宣統帝領導的中國政權，使其成爲滿蒙各種民族的樂土。

第二　要領

一、國防外交，受新政權之委託，由日本帝國掌管，主要交通通信，則由其管理，內政及其他，由新政權統治。

二、首腦及日本帝國所掌管國防外交等費用由新政權負擔。

三、爲維持地方治安，擬起用左列人員，以爲鎮守使。

熙洽（吉林地方）

張海鵬（洮索地方）

湯玉麟（熱河地方）

于芷山（東邊道地方）

張景惠（哈爾濱地方）

（以上均屬於宣統帝派，並與關東軍有聯絡者）

四、地方行政，由省政府任命新政權縣長（前述「現代史資料」7，九一八事變，一八九頁）。

因上述的解決方策而決定了根本方針，而這個方針之決定於開始戰鬥第四天的九月二十二日，實在很值得我們注目。

而且，這個方針並未要使滿洲成爲獨立國家，亦非由中央所決定，而是由派在第一線的關東軍所籌劃制定者。這如果是法西斯體制的話，一定是由中央籌劃決定，交由第一線去實施。如果第一線軍隊這樣做，希特勒和墨索里尼必將大發雷霆，即時處罰第一線軍隊的負責人。

又，於十月二日，關東長官塚本清治給拓務大臣（由若槻首相兼任）和外務大臣的極機密報告，就政權問題曾經這樣寫著：

「此次事件以後，東北新政府將以何種形式成立，以何人爲領袖，乃爲一般人所注目，目前，各派均在暗中策動自派人士上場，加以日人、浪人介於其間，乘張學良家之沒落，正在努力於建立下個政權，前幾天，前往北平與張學良見面，強調需要獲得日方諒解的東北法學研究會會長法學博士趙欣伯，與地方維持委員會袁金鎧等人商量，認爲此時成立東北新政權的捷徑是，擁護宣統帝或肅親王、泰親王等，實行復辟，其形式應爲帝制抑或共和政體，數日來有關人士一直在協議，迨至九月三十日，大體上一致贊成採取共和政體，並以這個意見爲基礎，開始起草憲法，隨即突然又出現實施帝制對於收拾現在時局最合法有利的意見，因此得修改已起草的憲法草案，並將於本月五日，著手其審議」（慶應大學法學部資料室藏）。

如上所述，從九月下旬，關東軍的內外，皆致力於建立新政權的運動，但在其開始，並沒有一定要實施帝制的方針。根據前述「九一八事變機密政略日誌」其一的說法，在九月二十六日這一項說，要令溥儀先後位置於吉林和洮南。九月二十七日的項目記載，天津軍應關東軍之要求，曾答應監視溥儀，但關東軍又怕到時遣外艦隊（海軍）不肯協助帶溥儀出關，而請天津軍研究如何把溥儀帶到滿洲的方法。關東軍非常不齒於事變以來遣外艦隊司令部的消極行動。果然，海軍拒絕了帶出溥儀。

如後面所說，溥儀於十月十三日，逃出天津，經由營口，到達湯崗子。但無論關東軍和中央，因爲考慮到國際情勢和種種局勢，所以對於抬出溥儀，相當愼重（前述「現代史資料」七，九一八事變，一九三、一九四、一九九頁）。

而在九月二十二日所決定的事體當中，最重要的是出兵吉林。出兵吉林是全體幕僚一致的意見，但軍司令官卻不輕易裁決。爲此，三宅參謀長曾建議軍司令官兩次，但軍司令官都沒同意，於是全體幕僚遂去閱見軍司令官，先由新井參謀說明吉林的狀況，繼而由石原參謀從用兵的觀點和軍的企圖分析出兵吉林，然後由板垣參謀建議日軍應該採取斷然的措施，但軍司令官還是沒答允。至此，留下參謀長和板垣參謀，再與軍司令官討論兩個小時，纔決定出兵吉林。時爲凌晨三時，「本夜的幕僚會議，涉及閣議決定事項，情況極其激烈，軍司令官大爲心痛」。既經裁決，遂命令第二師團長。（前述「現代史資料」7，九一八事變，一八九頁）

朝鮮軍的出動

關東軍軍事行動的最初目的是，消滅奉天附近張學良的大本營，開始南滿一帶的行動。朝鮮軍與其呼應，渡鴨綠江進入滿洲，以便兩軍並肩作戰。惟如前面所說，中央不許朝鮮軍越境，因此關東軍便大失所望。「與通報朝鮮軍以時時刻刻的情況和關東軍之動態的同時，我們陸續收到要求派兵的電報」（豐嶋房太郎「朝鮮軍越境進擊」，別册知性，「昭和秘史」五四頁。當時豐嶋是朝鮮軍參謀）。

由於關東軍的催促和中央的制止，朝鮮軍遂陷於左右爲難的狀態。因爲，朝鮮軍如果是朝鮮境內的出動，根據朝鮮軍司令部條例，可以軍司令官命令爲之，但如果要出動到朝鮮以外，則必須有奉勅命令。關東軍之一再催促，使朝鮮軍司令官苦惱非常，進退維谷。但非下最後決斷不可的時候終於到了。因爲如前面所說，關東軍決定出兵吉林，奉天附近的第二師團主力將出動到這方面，奉天很可能隨之而變成眞空地帶。

面對關東軍求援似箭的朝鮮軍司令官，以「事及至此，爲防止皇軍的自滅，更爲救護同胞，自管不著自己的毀譽褒貶和進退的是非」（同前），很是悲壯，而下了重大的決心：即沒等中央的命令，就裁決出動。於是在新義州等了一天半，等得不耐煩的嘉村旅團，便有如怒濤，開始往滿洲移動，「這支部隊於九月二十一日夜晚到達奉天，二十二日上午，與步兵第十五旅團替換，各就其位置」（同前）。

對於嘉村旅團的進擊，中野良次有如左的描寫。

嘉村旅團於九月十九日凌晨，接到第二十師團長要其準備出動滿洲的命令，完成其編制，並於同日下午六點三十九分由平壤出發，前往增援關東軍，惟因在其途中，接獲參謀次長「在奉勅命令未下達前，要暫時停止行動，如已有出發的部隊，應令其不可越出國境」的通牒，和於二十日上午一點三十分，接得師團「派遣部隊儘量在新義州附近集結」的命令，而在新義州、車輦館之間的車站停車，以待後命，迨至二十一日上午十一點五分，接到師團「以增援關東軍為目的，應該於十一點以後，越江前進奉天」的命令，而終於渡過鴨綠江，於中午零時五十五分，乘火車出發安東車站，同日夜半，陸續到達奉天，進入關東軍司令部的指揮之下（中野良次「九一八事變的眞相」其二）。

「九一八事變機密政略日誌」，曾就當時關東軍司令部的空氣說：「大多頓然喜色漾出，感佩朝鮮軍」（前述「現代史資料」7，九一八事變，一八八頁）。

但是，中央對於這個行動，卻以「關東軍、朝鮮軍十九日以後的行動，完全是軍司令官的獨斷，其所為往往使中央當局的措施疲於奔命。第一線官警的氣概和軍隊的勇氣，雖然都不能非難，但其全部措施卻不能認為妥當」（前述「到太平洋戰爭之路」別卷，資料編，一一七頁）。以為幹這樣大事不跟中央商量，獨斷獨行，實在很不應該。

在中央，於九月二十一日下午三時半，突然接到步兵第三十九旅團長「鑒於關東軍的情況，將開始越境渡滿之行動的電報」，繼而接得朝鮮軍司令官「由於關東軍催促增援急切，故將不待敕令獨斷出發待機部隊的報告」，因此不管閣議的結果如何，有令出動部隊「係基於統帥大權之發動的必要，乃決定以參謀總長單獨的帷幄上奏，奏請增加派遣之敕令的下達」，於是參謀總長遂於同日下午五點十五分進皇宮。

惟這個帷幄上奏（參謀總長或軍令部總長直接上奏日皇的意思），因與陸軍省的聯絡不夠充足而中止，所以參謀總長祇上奏「關東軍司令官此次的獨斷處置，將深思熟慮其是非」就退下。此時，政府內部也有人批評朝鮮軍干犯大權。甚而有陸相與參謀總長要辭職之說，但「多數人還是主張，作爲因應目下現實狀況的方策，仍當以剛復執拗的態度與政府周旋」（同前，一二〇頁）。

這時的政府是民政黨內閣，它對大陸問題很消極；尤其是幣原外相提倡國際親善主義，對中國採取反對干涉政策的立場。因此，對於軍部的積極政策非常不贊成。政府與軍部對滿洲問題的態度之所以不同，其理由在此。要之，現地軍最積極而強硬，陸軍的中央勉勉強強予以「追認」，海軍比陸軍消極，政府與外務省當局更是消極，因而採取不擴大方針。這如果是法西斯主義體制的話，很可能變成相反。換句話說，它的模式將是政府當局強硬，現地軍在其命令下出動。與此同時，這跟歐洲的法西斯主義國家又不同，亦即日本的對象是政情不安定的中國，尤其跟滿洲具有特殊的關係，這是不可忽視的因素。中國如果是一個擁有中央政府的近代國家，日本自不可能在滿洲扮演那樣的角色，而必定出於宣戰這種手段使中國屈服。總之，我認爲，當時中國的內政和日本外交（或許應該說是對外政策）的交錯產生了這樣的形態。

出動朝鮮軍，當然得支出其經費。如果不支出這個經貿，陸相和參謀總長將陷於苦境，關東軍、朝鮮軍和在滿日人更將陷入困境。而在九月二十二日的內閣會議，也有人對於朝鮮軍的獨斷出兵，有所批評，但最後還是承認了出兵的事實，並決定支出其經費。於是首相進宮上奏，繼而參謀總長和陸相「經正式手續，上奏並請允裁有關派遣滿洲部隊之派遣、編制及其施行」（前書，一二三—一二四頁）。出兵一事，終於獲得日皇的批准。但根據若槻禮次郎的說法，天皇曾對參謀總長面諭其將來要特別愼重（若槻著「古風庵回顧錄」，三七八頁）。

由於出兵吉林和朝鮮軍之進入奉天，在滿洲爆發事態已經不是單純的事件了。九月二十一日的臨時內閣會議，把這次事件叫做事變，理由是：「一、類似於此次事件的事例爲，關東大地震和出兵山東；二、既然有許多死傷者，自應以戰死者之禮待之，這是國家當然的義務」（一九三一年九月二十二日「朝日新聞」）。如此這般，事件遂變成事變，從而更發展爲事實上的戰爭。（譯註三）

（譯註一）中野良次的「九一八事變眞相」（摘要），現在收於一九六五年，七月三十一日，由密斯茲（音譯）書房出版的「現代史資料」，11，續九一八事變一書。

（譯註二）這裡意味著像炸死張作霖事件當時，以爲會發生事變，結果沒會發生。

（譯註三）原作者中村菊男，曾任慶應大學教授，法學博士，已故。

一九八二年七月五日於東京

（原載民國七十一年十二月廿五日及七十二年一月廿五日「政治評論」）

我們如何計劃發動九一八事變

花谷正

一

遠東國際軍事法庭，把太平洋戰爭的爆發追溯到九一八事變。事實上，柳條湖事件的炸聲，爾後引起連鎖反應，而演變爲不可收拾的大規模戰爭；不過從現在回想起來，九一八事變如果按照我們當初的構想處理的話，歷史發展的方向或許跟今日有些不同。

我認爲，當時發動九一八事變，無論就時機和方法來講都是正確的。

那時，形成擴張主義乃是世界的一種必然，日本如果沒有東北，則不可能生存下去，不特此，如果置之不顧的話，爲張學良及其背後之南京政府的排日，日本很可能失去其在大陸的脚手。面臨世界情勢的危機，日本應走的道路，實唯有將東北從中國本土分離。日本深信：爲在水深火熱中的滿洲人建設王道樂土，是安定東亞的最好政策，完全無意與中國本土從事毫無止境的戰爭。

對於九一八事變之爆發點的柳條湖事件，除我以外幾乎沒人能談，因爲有關者大多去世了，而且迄今爲止，雖然有人推測，但卻沒人談過這個事件的眞相。現在，我根據我的記憶，來回顧當時的實際情形。

二

我於一九二八年八月前往東北就任關東軍參謀，這是張作霖被炸死後兩個月的事情。再經過兩個月後，石原莞爾中校前來擔任作戰主任。發動九一八事變的中心人物當然是石原，而我自己，迨至九一八事變，除中間離開一年外，我跟他接觸、共事過，所以對他的爲人也很清楚。石原是第一流的軍事學家。年輕時就研究普魯士國王和拿破崙戰史，這時他已經具有站在軍事學上的世界觀。

他的日蓮宗教色彩雖然很濃厚，但他總是一個思想家，因此在當時的日軍裡，他是個非常特別的人物。他的私生活很檢點，年輕時怎樣我不知道，但在當時他是從不嫖或出席宴會的。他的短處是，大概比人家看得遠十年或二十年，因而所說往往會令人覺得離奇，不切實際，甚至被人家誤解。

但是，他決非夢想的理想家，祇要策定了週密的計劃，他便如閃電一般，全力付諸實行。九一八事變最初的作戰，據說曾爲世界軍事學界另眼相看。

我到達東北以後不久，炸死張作霖的眞相漸明，河本（大作）上校被召回東京審問，因之當地的情勢很不穩。

爲了調查眞相，峰（幸松）憲兵司令於十月左右前來東北，惟因關東軍不肯協助，而毫無所得。回國途中他落腳朝鮮軍，向軍司令訴苦，於是軍司令召集中隊長以上舉行晚餐會，在這席上閒談時，由從事爆炸工作之龍山工兵隊的神田（泰之助）中尉等，聽到當時狀況的說明纔得完成其使命。

本來，河本上校是想乘炸死張作霖的機會佔領東北南部的，但沒有成功。那時如果成功，「九一八事變」或許已經爆發於此刻。不但如此，東三省的新統治者張學良即時易幟，高舉青天白日旗，與南京政府呼應，出於排日姿勢。由之東北的情勢更日益惡化。與此同時，蘇聯開始著手其第一次五年計劃，逐漸充實其戰備，勢將成爲日本在遠東的最大敵國。因此石原特別留意蘇聯國力的進展。是以建設「滿洲國」的最大目的，乃在於要建設堅固的防止共產勢力南下的防波堤。

炸死張作霖事件告一個段落的前後，板垣征四郎上校前來接任高級參謀的職務。板垣的性格與石原很不相同。他雖然不是才子型的人，但卻富於容讓人的雅量，堅忍不拔，是個苦幹起家的領袖型的人物。老實說，板垣的實力和石原之週密計劃的結合，發動了九一八事變。

爲著研究如何因應日趨惡化的當前東北局勢，我們每星期在旅順偕行社集會一兩次，就這個問題交換意見。

而爲其開端的是一九二九年七月，畑英太郎中將（畑俊六元帥的哥哥）繼村岡（長太郎）軍司令官之後上任的時候。此刻我們請教了新軍司令官對於滿蒙問題的見解，確認了他對它有充分的理解。當天晚上，我們三個人碰面，熱烈討論了當前的滿蒙問題，並一致同意石原所提的意見：

「利用這個幽靜的環境，從世界局勢和滿蒙的狀態來研究我們應該採取的態度和方法。爲此，我們是不是在偕行社每週集會一兩次，開誠布公，互相討論，不清楚的地方，則請教專家，加強祇調查中國馬匹的調查班，令其做更高度的研究。」從此以後，我們三人，便每星期見面，互相研究。

我覺得，新的滿洲，應以日人爲中堅，令其擁有雙重國籍，以建設各民族共同的王道樂土。日滿是不可分的，我希望她們成爲有如日月的關係。此時，日人從事大規模的企業和智能事業，朝鮮人種田，中國人做小生意和做工，各盡所能，共存共榮。既然要拯救被壓迫的滿洲人，以建設王道樂土，自不許日本大資本家的橫暴。

我們一直堅持不許財閥插足滿洲的想法。日產康采恩之所以進入東北，是因爲他們容許一般民衆購買其股份，不過是引進他們經營技術而已。

迨至一九三一年，我們的計劃加速地具體化起來。張學良的排日，愈來愈兇，連小學生的上下學都成問題。而且，經濟大恐慌亦波及東北，東北的穀價隨之大跌，農民陷於塗炭之苦；張學良所建設的併行鐵路奏功，滿鐵因之大出紅字，許多因爲張學良的種種「壓迫」而不能生存的日本人，陸續悄然離開了東北。

三

一九三一年春季左右，我們擬好了柳條湖事件的大致計劃。要製造其發動時機並不難，問題是如何處置善後。我們擷取炸死張作霖事件時候的教訓，做了非常週密的計劃。現在回想起來，即當時的時機並沒成熟。因爲祇殺了一個張作霖；爾後並無任何行動。跟中央既完全沒有聯絡，國民也不大關心滿洲問題，大家的步調都不一致。

由於運用浪人和中國的無業遊民，因而被人家識破這是日本陸軍的陰謀。下次絕不能再犯這種錯誤。是即一發生事件，應該以迅雷不及掩耳之勢出動軍隊，一夜之間佔領奉天，在列國還沒出來干涉之前，很快地佔領預定地域。當然，我們還得注意政府和駐滿外交官的干擾，要迅速行動，否則什麼也做不成。

因此，必要時得忽視中央的命令而行動，而爲支持關東軍，如果能爭取中央的中堅軍官爲同志，令其由內部協助，橋本（欣五郎）一派在國內如能同時發動政變，則更爲理想。除此之外，尤其需要朝鮮軍的適時增援。

好在朝鮮軍參謀神田正種中校對滿蒙問題很有經驗，並非常同意我們的計劃，答應需要時將予我們以支援。應石原之邀，在事件之前，神田曾經訪問過旅順三次左右。神田原是（參謀本部）蘇聯班出身的，在哈爾濱特務機關待過，是個蘇聯通，他來到朝鮮軍以後，得知朝鮮的局勢比其所想像者還要壞而非常驚愕。朝鮮人的排日空氣早已貫徹到小孩，所以日本人單身在鄉下旅行是危險的。這是由於滿洲的排日傳染的結果，因此站在朝鮮軍的立場，九一八事變是需要的。

我們初次提出計劃的時候，朝鮮軍司令官是南（次郎）中將，神田覺得南不敢獨斷越境，表示有疑問；但林（銑十郎）中將來了之後，神田卻說林很有理解，計劃可以進行。

在中央，當時由（參謀本部）第二部長調任第一部長的建川（美次）少將，由於有張作霖事件以來的經緯，所以最可靠。二宮（治重）參謀次長因爲太精明，因而不大可靠，可以無條件信賴的是中國課長重藤千秋上校、中國班長根本博中校，和蘇聯班長橋本欣五郎中校三個人；永田鐵山軍事課長也能夠信任。如果要用數字來表示我們對他們把計劃說明到何種程度的話，橋本、根本爲九五％，建川、重藤九〇％，永田八五％，小磯（國昭）和二宮五〇％。

六月左右，爲要跟他們做大致上的洽商，我回到了國內。我跟橋本和根本商量時，他倆很熱心於國內的改造，並認爲如果發動九一八事變，國內的改造更容易推行，不過橋本是政變第一主義，主張先行政變，結論是十月前後同時進行。但他倆並沒有特別問起詳細的爆炸計劃等等。

八月間召開師團長會議（即師長會議——譯者），南（次郎）陸相對滿蒙問題表示積極意見而輿論譁然。此時關東、朝鮮、臺灣各軍司令官也皆出席，板垣隨從本庄（繁）新軍司令官，神田陪著林朝鮮軍司令官到東京。

在這前後，發生前往興安嶺方面調查地誌的中村震太郎上尉被殺事件，和萬寶山事件，滿洲的空氣由之愈趨險惡，而實行計劃的時日亦愈迫近。八月下旬，我奉命回東京向中央報告滿洲的現狀，以加強中央的認識。我以奉天特務機關助理的身份，與張學良的當局，就中村事件一再進行交涉，但問題卻一直惡化下去。因此，我便利用這個機會，再度試探中央對採取行動具有何種意見。

我跟二宮、小磯、建川和永田分別交換意見，尤其對二宮和建川特別說：「如果這樣下去，不久的將來，中日兩軍非衝突不可，所以請您們想想那時的對策，但衝突時，當前的處理請交給關東軍。關東軍會愼重考量國際情勢而行動的，因此請不要干涉細節。」並就發動戰爭的時候，是不是要局限於「南滿」，作戰的時機，所需軍隊的數量、轉移外交交涉的時機、對於在北京之張學良的處置等等交換意見。他倆對我言外之意，似已瞭解，因而對我約定說：「政府要出於何種態度我們不知道，不過爲貴軍之貫澈主張我倆將盡最大的努力。」

然後與橋本和根本見面，我說：「我們已經完成了準備，並將照預定幹。」根本勸我延期說：「現在的話，國內恐怕很難支援你們的計劃，尤其是在若槻內閣之下很難搞，最好等到新內閣誕生以後。如果太急，則祇有叫本庄犧牲而已。」我說：「現在不能等了，因爲箭已經離了弦。」而回到東北。

四

若是，第一線的計劃，究竟進行得如何呢？本庄新軍司令官到任於一九三一年八月。本庄雖然是新的軍司令官，但在中國問題方面他卻是老前輩，他的性格穩重，是名實相符的將材。

在這樣的重要時期，由他出任軍司令官，實在很適當，中央人事當局，一定經過再三考慮，纔做這樣決定的。

對於本庄，我們沒有說明細節，而根據我們平常的觀察，我們認爲有事時，他必定很可靠。對於三宅（光治）參謀長以下幕僚的大部份，我們沒有告訴他們這個計劃。

爆破工作，分給四月間出任張學良軍事顧問（柴山兼四郎少校）助理的今田新太郎上尉去做。今田是漢學家的兒子，精通劍道，純粹無比，富於正義感。

爆破工作如果委諸老百姓去做，則很容易暴露其內幕，所以最好是使用軍人，加以爆破之後，既然要即時召集軍隊開始行動，自不得不對駐奉天部隊的中堅幹部洩露秘密。於是一個一個地令其喝酒。並讓他說出其愛說的話，以選擇同志。

如此一來，選擇了川島（正）上尉、小野（正雄）上尉（均爲奉天獨立守備步兵第二大隊的中隊長）、兒島（正範）少校（同大隊附）、名倉（栞）少校（駐奉天二十九聯隊大隊長）和三谷（清）少校（奉天憲兵分隊長）等人，加上甘粕正彥預備上尉，和田勁預備中尉等來協助，由於我們完全沒有告訴島本（正一）大隊長，因此發生事件的那天晚上，他一定覺得莫明其妙，晴天霹靂。

在另一方面，與發生事件的同時，爲要在滿鐵沿線各地投擲炸彈，製造社會不安，以此爲理由，令領事請求救援，以便陸續出兵，甘粕正彥等則前往負責策劃這項工作。而九月十八日後在哈爾濱、吉林等地發生的此類事件，就是由甘粕等人導演的。

和田勁負責利用生活有問題的浪人和青年，來從事現場附近的警戒和聯絡。資金從國內，經由河本大作的手而匯來，所以沒有太大問題。

五

我們原來預定於九月二十八日炸毀鐵路的。以爆炸聲音爲信號，裝設在奉天營房（步兵第三十九聯隊）內的二十八公分要塞砲，將砲轟北大營的中國軍營房。與此同時，駐奉天部隊將進行夜襲，以佔領奉天。

本來，這門要塞砲並不裝設在這裡，那年春天，永田軍事課長來東北視察時，我們以「關東軍總兵力不過一萬人，張學良軍素質雖然比較差，但卻有二十二萬人左右，加以他們擁有以由法國輸入者爲主的三十架飛機，我們連一架飛機也沒有，奉天更沒有一門重砲，一旦有事，眞是束手無策。」因而從旅順要塞把這門大砲搬運來。

如果說要裝設重砲，大家會開始緊張，因此藉挖井的名義，把周圍圍起來，令外邊的人不知道有什麼東西。可是慢慢地似有人得悉大砲的存在。領事館方面更一再地前來刺探。不過，雖然說是二十八公分的大砲，但性能卻很差，也沒有能夠操作的砲兵。

儘管如此，我們量好到北大營的直距離，並自始就把它瞄準好。這樣，閉著眼睛也可以命中，我們的目的在威嚇，而不在收到砲轟的實際效果。

重砲的裝設完成於九月十號以後，但還需要時間向砲兵學習操作，和搬運砲彈。我們認為收割高粱之後纔最適宜於作戰（因為有高粱，不容易發現敵人）因而選定了九月二十八這個日子。

九月二十八日之所以提前到九月十八日，係基於如下的原因。九月十五日，事先聯絡好的橋本打電報到特務機關說：「計劃洩露，建川將到現場去，故趕快幹。建川到達之後，也要在聽其使命之前實行」。

日後知道，它的經過是這樣的。我們在東北的種種策劃，似由外交機構略略感到，並把這種風聞報告到國內去。

大概用錢收買的浪人，喝酒以後大言壯語，搬運彈藥和物資，我喝酒後說了些大話可能是主要原因，總之幣原外相得到這種情報，並在閣議提了出來。陸相是南次郎，他是個東洋大人般的汪洋人物，對於幣原的質問，祇做不得要領的回答。他說：「我想關東軍是不敢這樣隨便的。」一對此幣原遂拿林（久治郎）奉天總領事打來的電報給南看，於是南慌忙地答說：「是否事實，我派人去調查。」一南回來之後，馬上喊來建川第一部長。

對於南的問話，建川答說：「不是沒有這種風聞。」由之南說：「這怎麼可以，你去叫他們不要這樣做。」建川遂把這件事告訴了橋本和根本。由於建川的暗示，橋本纔給關東軍打了如前所述的電報。那時，橋本等中央的同志，似很緊張的樣子。當時土肥原（賢二）奉天特務機關長正由東京返任途中，十八日在漢城與神田中校會面，往奉天出發。

建川於十五日由東京動身，秘密坐火車和輪船，慢慢地前來東北，十八日下午，與前往本溪湖車站去迎接的板垣在奉天車站下車，我則從車站用車子把建川送到奉天柳町的料亭菊文。

六

在另一方面，收到橋本電報的我，便於九月十六日下午，召集全體有關人員於奉天特務機關二樓，以協議對策。

恰好本庄新軍司令官初次出巡，當日板垣和石原也在奉天。集合者有板垣、石原、我、今田，從部隊來了川島、小野上尉和兒島、名倉少校，奉天憲兵隊的三谷少校缺席。

對於要不要即時幹，彼此爭論得很厲害。我主張說：「建川帶來什麼命令還不知道，萬一為天皇的命令，我們將成為逆臣。這樣還是要幹嗎？我想見了建川以後再說吧。」反此今田卻強調說：「這次的計劃，已經在幾個地方洩露了。我們應該在見到建川而洩氣之前實行。」於是用猜拳決定，而服從我的意見。

可是，翌日今田又來找我說：「我們還是應該在建川到達之前幹。」我說：「跟東京配合來做比較好。」但今田卻不肯聽話，因而我也終於同意，並約定說：「我負責說服建川。」而決定十八號晚上採取行動，爾後請來川島和名倉，吩咐說：「現在決定了十八號，你們的大隊要在一個晚上之內攻下奉天城，川島祇要佔領北大營就行。」同時聯絡和田勁等，要他準備動員現場附近的游擊隊。

十八日，把建川送到菊文的我，陪著穿了浴衣的建川喝酒，暗中刺探他的意向。好酒的建川，其風采是從容不迫的豪傑。但他的腦筋卻非常細密，警覺力又強。他好像懂得我的意思，但卻想不到今天晚上會採取行動。總之，我覺得他似乎沒有意思要來阻止我們的行動。

看他喝酒喝得差不多的時候，我便回到特務機關。此時板垣也回來了。石原隨軍司令官於昨日回到旅順去，今田出去指導計劃，見不到影子。十八號晚上的月亮近乎半圓，而沈於高粱園，但滿天卻都是星星。

島本大隊川島中隊的河本末守中尉，帶著數名部下前往柳條湖去執行巡察鐵路路軌的任務。河本選擇了從北大營南下大約八百公尺的地點，親自在鐵軌上裝設了騎兵用的小型炸彈，並點上火。這是十點多鐘的事情，而與轟隆炸聲的同時，被炸斷的鐵軌和枕木遂四散各處。

但它的規模卻遠比炸死張作霖時爲小。因爲這次的爆炸不僅不需要顛覆火車，而且不能危害正在開著的滿鐵線列車。爲此，我們曾經請工兵計算過，知道如果是直線，就是炸斷了稍微長度的一邊鐵軌，快速的列車雖會一時傾歪，但還是可以安全地開過去。我們根據這個安全長度，決定炸彈的數量。

與爆炸的同時，透過攜帶電話機馬上報告到大隊部和特務機關。在爆炸地點北方四公里之文官屯的川島中隊長，即刻率軍南下，開始突擊北大營。

今田上尉在現場附近，直接監督爆炸作業；他不愧爲劍道的名人，突擊時親自揮著日本軍刀衝進中國軍營房。片岡、奧戶、中野等，雄峰會的浪人也都參加。

什麼都不知道而由宴會回來睡得很熟的島本大隊長，接到緊急通報趕往特務機關，在那裡，板垣代理軍司令官對他下達命令。第二十九聯隊和島本大隊，立刻集兵參加戰鬪。

北大營的中國軍毫不知情，而且大多已經就寢，加以管理武器倉庫鑰匙的軍官恰好外出，所以大家在手無武器，束手無策之際，日軍衝了進來。與日軍串通好的中國兵也露面了。這時二十八公分重砲開始砲擊，因之大部份的中國軍敗走。如此在天亮之前，日軍佔領了整個奉天城，同時施行軍政，土肥原上校就任了臨時市長。

七

一接到爆炸的報告，我立即向旅順的軍司令部發電報。石原中校召集全體參謀，在軍司令官面前說明作戰方案，軍司令官即時裁決。

這個作戰方案是：軍司令部將於十九日早晨乘列車前往奉天，分散配置於滿鐵沿線之第二師團的主力，除守備吉林方面的長春部隊外，應迅速集中奉天。獨立守備隊在各配置地採取行動，以佔領鳳凰城、安東、營口等地，同時向朝鮮軍司令官林銑十郎中將和第二遣外艦隊司令官津田靜江少將要求支援。可是，津田司令官以山東方面的情勢不穩爲理由而拒絕集結海軍部隊於營口。爾後，對於九一八事變海軍往往採取冷淡的態度，實淵源於此時。又朝鮮軍的支援，起初好像會很順利，結果卻發生了意外的障礙。

十九日上午，林朝鮮軍司令官來電報說：「爲應奉天附近關東軍之急需，朝鮮軍司令官將獨斷遣派旅團長所指揮之步兵五大隊和航空二中隊到奉天。」我們正在高興因爲神田的努力，林終於下了決心的時候，又來電報說：「派遣隊將於十點左右依次由衛戍地出發。」

可是，在同一個時刻，中央卻判斷東北的情勢沒什麼，而命令「將呈請允裁越境，故允裁之前不許獨斷越境」。爲貫徹這項命令，中央更電報新義州憲兵隊長，要其阻止部隊越境。由此，越境計劃遂成爲泡影。

當天夜半，由朝鮮軍來了悲壯的電報說：「參謀總長曾再三呈報意見，但派遣增援部隊事未蒙獲准。」

根據我們的計劃，本來預定二十日上午等到朝鮮軍抵達之後，將令關東軍主力北上到哈爾濱，並準備將其集結於長春，因此接到這個電報後，眞是洩氣。

隨則神田又來電報說，關東軍如果要出動吉林方面，朝鮮軍可以奉天的防備單薄爲理由獨斷越境。於是二十日上午，我們遂令吉林的大迫機關投擲炸彈，並以保護日僑的名目，令第二師團進駐吉林。朝鮮軍由之按照計劃，令嘉村旅團獨斷越境前來奉天。

爲了要製造出兵間島方面的口實，神田更到龍井村去從事謀略，但似乎沒有成功。

由於如上所述的原因，準備「神速果敢」地佔領整個東北的我們的計劃，因爲遭遇到中央的阻礙而遲遲不前。

深怕不知道關東軍要搞什麼鬼，因而派兵務課長安藤上校來東北，質問我們說，在東京者多認爲這次事件是關東軍的陰謀；繼而月底又派參謀本部第二部長橋本少將等駐紮奉天，以監視我們的行動。參謀本部且對我們做近乎侮辱我們的芝蔴小豆的指示。對於像關東軍這樣大的組織，是不應該有這種指示的。

佔領吉林後，我們又很想進駐哈爾濱。爲著製造出兵的機會，我們令甘粕潛往該地，九月二十一日以還，對正金銀行分行等幾個建築物投擲炸彈。效果很好，哈爾濱總領事和百武特務機關長便來電報，要求保護，因此關東軍遂再三要求中央派兵，但中央懼怕如果進兵哈爾濱，蘇俄可能不會袖手旁觀，而加以拒絕。

由於參謀總長下達了嚴格的命令：(1)不得進兵寬子城以北；(2)不許管理滿鐵以外的鐵路；(3)沒有參謀總長的指示，不得有新的軍事行動。所以這個計劃祇有暫時作罷。

迨至翌年一月，我們佔領了哈爾濱，這時我們與上海的田中隆吉少校合作而發動的上海事變著了火，由於我們乘這個動亂而行動，故很快地完成了作戰。

以石原爲中心的我們的想法（判斷）是：關東軍即使進兵北滿，蘇俄也不會蠢動，國際聯盟和列強更沒有實力干涉滿洲的局勢。當時，美國、英國和法國在遠東的利害是互相對立的，因而自不可能聯合起來抑制日本；蘇俄正在第一次五年計劃途中，無暇顧及西伯利亞方面。可是，若槻內閣卻懼怕國際聯盟抨擊日本，軍方中央又過分高估蘇俄的實力，認爲更進一步的行動是危險萬狀的。

但如果在這裡停止的話，將跟三年前一樣半途而廢；爲了打破政府的懦弱，我們遂於十月八日轟炸錦州。這時石原親自駕駛小型飛機，向錦州的張學良軍營房投下小型炸彈。

這個轟炸雖然沒有什麼大害。但它給國際聯盟的衝擊卻是很大。橋本一行立刻來盤詰我們，惟我們沒給他們好臉色看，因此他非常氣憤而回到國內。由於此次的轟炸，國際聯盟對日本的態度迅速地惡化。這正中我們的下懷。

對於關東軍束手無策的中央，於十月中旬遣派侍從武官川岸少將前來慰問。我們以爲他要嘉獎我們，結果卻於要到達的那天早上拍來電報說，陸軍大臣吩咐「據傳關東軍要獨立，但應該停止這個企圖。」我們因爲完全沒有這種想法，所以非常生氣。

日後得悉，十月事件的首謀者被逮捕時，有人所說出的謠言被人家誇大其詞，可能是其主要的原因。

八

關東軍佔領了南滿洲以後，我們便按照既定計劃，進行抬出溥儀的工作。

不過，要抬溥儀出來做滿洲的元首，並非很早就決定了的，在事變以前，我確曾注意到溥儀，並透過居住旅順的舊臣羅振玉暗中跟他聯絡。我們所考慮的，獨立政權之首腦的條件是：⑴爲三千萬民衆所敬仰，出身世家而有德望的人；⑵滿洲人⑶不會跟張作霖或蔣介石合併的人；⑷肯跟日本人合作的人。而從這些條件來衡量，最理想的人物當然是溥儀。

起初，石原是滿洲殖民地主義者，亦即滿洲佔領論者。及至板垣來了以後，纔贊成獨立國家論。這時，我們曾經花了大約一個月的時間討論這個問題。

石原之所以反對滿洲的獨立，是由於他認爲，從歷史看，中國人搞政治祇有腐敗，因此不如由清廉的日本人來替他們實行哲人政治；但我們卻主張，民族感情（意識）不容許我們這樣做，而更重要的是，日本也沒有哲人。人有神性和魔性，我們應該實施發揮人性的政治。石原贊成我們的意見之後，就非常澈底，而變成獨立國家主義者。

當時的滿洲有許多在日本國內不能糊口的浪人，所以自不能說他們夠資格領導滿洲人。

不過，以滿鐵等青年爲骨幹的協和會裡頭，確有志操高潔，純樸無邪，眞心追求五族協和，王道樂土之理想的人。因此初期的滿洲國，以這些人爲中心，委實有過清新的氣氛，但迨至勢利主義的橫行，日本國內的資本家和官僚接踵而至以還，我們的理想便雲消霧散了。

開始時，我們且豎起「不許財閥插足滿洲」的牌子，可是一張調動命令把建國時代的同志調走了以後，唯利是圖的傢伙就把滿洲國吃得一塌糊塗了。

九月二十二日，關東軍司令部找來羅振玉，並命令他拽出溥儀。羅振玉隨即往訪清朝復辟派的實力者，吉林省的熙洽，繼而與濟南的張海鵬見面後前往天津。惟與其舊臣隱居天津的廢帝，也許因爲猜不透關東軍的意圖，所以不想動。但是，天津軍的三浦參謀卻來電報說：「如果有民衆與關東軍的支持和要求，縱令犧牲其生命，我們相信宣統帝是會出來的，不過在目前的狀況下，要他即時出馬，恐怕需要考慮。」

隨即由於進行溥儀出廬的工作內容漸爲人們得悉，因而遂由中央來了命令說，不許參加樹立滿洲新政權，特別是抬出宣統帝的運動。

關東軍覺得如果這樣拖下去不是辦法，於是派浪人上角某到天津，與天津的步兵隊長酒井隆上校接頭，欲不分白皂地把溥儀拖出來，但香椎（浩平）天津軍司令官不肯點頭，因此無結果。旋即遣派奉天特務機關長土肥原上校前往擔任這項工作。十月底，到達天津的土肥原立刻展開工作，但他的行動，卻即時爲中國方面和外務省的駐華機構所窺悉。

此時外務省仍然有意要張學良當權，故不贊成在南滿洲製造日本的傀儡政權，尤其堅決反對拖出清朝的廢帝，而希望出現自然誕生的政權。所以，土肥原遂準備在天津導演暴動，乘機帶出溥儀。惟中國當局探悉土肥原的詭計，取締將參加暴動的中國人，因而暴動的規模纔沒有擴大。在這次暴亂中，於十一月十一日，溥儀逃出天津，乘船抵達營口。

迨至若槻內閣於年底崩潰以後，中央纔勉強同意溥儀的出馬，翌年三月一日，與發表獨立宣言的同時，溥儀以執政的名義，成爲滿洲國的元首。如此一來，中央雖然反對關東軍的行動，但終究爲關東軍拖住，屢次演出其缺欠信念的失策。

我們本想連山海關也要佔領的，因而計劃在天津再來一次暴動，以便藉口出兵到萬里長城，惟天津軍不肯合作，而歸於失敗。加以爲佔領錦州而出動的部隊，因爲參謀總長的命令，而被阻止在進擊途中遼河之線。（日軍於翌年一月佔領了錦州）

在另一方面，被禁止進擊哈爾濱的關東軍，遂稍稍轉變方向，出兵齊齊哈爾方面，逐步而進，突破戰線，並於十一月十九日踏進齊齊哈爾城。

我們雖然佔領了齊齊哈爾，但卻又因爲參謀總長的命令，而不得不撤退。中央最躭心的是蘇俄的動向，亦即害怕插手北滿洲，所以特派獲得委任日皇大權之一部分的二宮參謀次長，攜帶所謂臨時參謀本部委任命令，前來試行壓力。

如上所述，爲進行九一八事變，我們曾經吃盡無以計數的苦，降至十二月，成立犬養（毅）內閣，荒木（貞夫）就任陸相，滿洲問題纔逐漸走上軌道。尤其是十月事件的陰謀洩露到政界以後，令政界人士覺得反對軍部有生命的危險，而失去牽制軍部行動的意志。我認爲，那個時候發動九一八事變，在時間上是很對的。因爲除費力說服國內的無定見者外，在國際上並沒有遭遇到任何阻礙。(譯註一)

(譯註一)：①文中「滿洲」一詞，譯者時稱滿洲，時說東北，完全是因爲行文的方便。
②此文是花谷的口述，所以比較散慢，花谷是當時關東軍奉天特務機關的少校參謀。

(原載民國七十二年九月十八日「台灣日報」)

九一八事變陰謀

森島守人

蓄意製造中村事件

在不安的情勢之下，奉天總領事館認爲，清算俄日戰爭以來全部滿日關係的重大時機，一定到來；因此再三向政府建議，爲早日獲得根本上解決，應該進行政治交涉。一九三一年初冬，外務省派來整理文書專家，同時與滿鐵涉外部合作，開始整理奉天總領事館開館四十年以來的龐大紀錄，以做開會所需事務上的準備。

尤其需要整理的紀錄是，在國內認爲是當然權利之「日本既得權益」當中，譬如撫順、安東、營口的滿鐵附屬地，安奉線的警備權，對於關東州內中國人罪犯的司法權等等；其在條約上的根據很是薄弱，而日本政府卻把它當做既成事實，或認爲是長年的慣例而確立的局勢。

加以一九三一年（民國二十年）七月，長春的東北萬寶山發生驅逐朝鮮農民事件，繼而發生殺死中村震太郎事件，這時滿日關係的惡化，已達於極點。

關於這兩個事件的內容和經過，社會上已經發表很多，因此這裡，不擬贅述。不過，中村上尉隱藏軍人身份，用農業技師名義申領護照，以及因爲土匪跋扈，洮索地方在護照上屬於禁止旅行區域，無可否認；但日本軍人之被殺害，卻也是鐵的事實。同時，對於限制旅行地區，無論中國當局怎麼說，就在中國具有「治外法權」的日本來講都無法承認；不管護照上如何寫明，日本人在中國實擁有旅行的自由，這是日本政府的解釋。因此，日本人在中國旅行中發生傷害事件的時候，則認爲這是中國政府欠缺維持治安能力所導致，把責任完全推給中國政府，而要求賠償，這是日本政府一貫的作法。

因爲工作上關係，與中國官兵接觸機會較多的，昂昂溪日本料亭的日本女子植松菊子接獲中村上尉被殺害情報，向陸軍當局報告後，陸軍遂派遣片倉衷上尉前往現場從事調查。片倉經過調查結果，獲得中村的手錶等許多物證外，並帶回來萬一中國方面否認時，將要利用的一個下手人；所以林總領事於八月十七日便帶同領事森岡，往訪奉天省長臧式毅，正式開始談判。

由於這種時機和這種事件，總領事館深怕給予關東軍出兵的口實，因而希望早日把它解決。張學良當時居住北京，留守奉天的臧式毅是日本陸軍士官學校出身的，對於中日關係和日本陸軍都有充分的知識，因此非常重視這個事件，並與參謀長榮臻商量，而以很有誠意的態度參加談判。可是，南京政府不必說，連東三省官警當中也有不少人說，這是日本陸軍的陰謀；對此事件的本質和將來的發展性欠缺認識。迨至奉天的中國報紙，發表了下手人的所屬部隊屯墾軍第三團批議日本的聲明書後，日本官民的憤怒終達於頂點。

於是臧式毅省長遂派調查員前往現場調查，但對調查員的報告不滿意，因而加上法務官而派出第二次調查隊。在九月十八日下午的談判中，根據法務官的報告，榮臻參謀長對森岡領事說，中村上尉之被正規軍鎗殺固然是事實，惟由於中村上尉想逃跑，所以從背後予以鎗殺；所謂「虐殺」，不是事實。是即如上所述，對於事實的認定，中日雙方的意見有很大距離。因此，中國當局所應負責任的限度，也就隨之而將有所差異，因而日方認爲還有繼續交涉的必要。

事變前夕處處陰霾

此時，奉天總領事館覺得，對於軍方的行動，有幾件事值得特別注意。一九三一年春天，他們從海城的砲兵隊，把一門大砲於夜間秘密地搬到奉天，放在守備隊。據說這門大砲的砲口朝向奉天城內，而調查結果，發現日軍用東西把大砲蓋起來，以欺騙人們的耳目，但架設了大砲卻是事實。中國外交特派員再三向總領事館抗議，日本兵從滿鐵線鐵路堤上偷窺北大營營房，演惡作劇（在這附近，繼爆炸鐵路之後，發生北大營的攻擊）。

當時剛履新的關東軍司令官本庄繁正在巡視沿線，而在遼陽車站，司令官出發之後，竟還在準備裝甲車的出動。奉天附屬地內的軍人太太們之間流傳著，一旦有事水源地可能被爆炸，須早準備挖井的謠言。事實上，當日關東軍一架飛機也沒有，而東北軍卻有甫由法國購來的幾十架新式飛機，而且飛行員的教育也告了一個段落，所以附屬地之轟炸，不是不可能的。

發生「九一八」事件的前幾天，外交交涉署暗地裡通報說，參謀本部的森赳少校與花谷正少校同道往訪臧式毅省長，就中村事件嚴重談判後，暗示將以武力解決。於是我警告了軍方的輕率行動；而他們卻答說，祇以中村的朋友身份，私下談話而已。但由此，當可窺悉軍方意向的一斑。

可是八月十七日，撫順的警察署長寺田卻專程來到奉天報告說，撫順的守備隊指示他，十八日拂曉，將在佔領奉天城的假設下舉行演習，因此希望警方草擬保護僑民、避難和維持治安的計劃。又十八日下午，安東的警方來電話報告說，參謀本部的建川（美次）少將搭乘普通火車前往奉天；車中有一個旅客叫他「建川閣下」，但這個人卻慌張地否認：「我不是建川」，但他一定是建川。由於我聽聞過建川與三月革命（譯註一）的關係，所以不能不特別重視建川前來奉天。

總之，綜合上述這些情報，實在令人預感，近日間軍方將會有些什麼行動；而滿鐵的理事木村（銳市）也與我同感，因此我倆便聯袂往見林總領事，請他格外留意，並建議立刻採取防患未然的措施。惟可能因為林總領事曾於兩三天前，親自與司令官本庄就東三省情勢，及其對策等交換過意見，故不像我們覺得局勢那麼迫切，以為這只是大規模的演習計劃，而祇以私信喚起在旅順的司令官本庄注意而已。可是，林總領事的私信卻為旅順的參謀所扣留，在司令官還沒看到此信之前，就發生了柳條湖的鐵路爆炸事件。

軍方使館蠢蠢欲動

由於對中村震太郎被殺害事實，中日雙方的認定有很大距離，因此從九月十八日下午起，總領事館的高級館員便召開秘密會議，討論善後措施。討論的中心議題是，日方所提出的要求條款，亦即正式謝罪、賠償損害、處罰負責人和將來的保障，尤其是為防止這種事件的再度發生，特別把重點擺在「將來的保障」。不過這種交涉，所謂將來的保障，往往是當場的約定，而大多會變成空頭支票，所以這次的重點，便放在要如何把它具體化，和怎樣確保其保障。關於其對策，領事藤村俊房力主奉天城的保障佔領；而藤村之所以這樣主張，似來自出兵山東兩次之際，他出差濟南的經驗。

反此，我主張長年未得解決之洮南日本領事館應即時開館。內蒙古的洮南和鴨綠江上游帽子山領事館的開設，在原則上中國方面雖然同意了，但卻一直不肯實行而成為長年懸案；如果在洮南開設領事館，日方對東三省當局不僅能夠增加威信，而且在要使對方撤回洮索地方旅行的禁令，能夠獲得等於在現地設置監視機關的同樣效果。不過，從過去複雜的經緯，中國當局的面子，和把外交權已經移給南京政府這些事實來講，要獲得東三省當局的同意，恐怕比登天還要困難。

但是，在當時那樣迫切的氣氛中，如果不能迅速地取得東三省的同意，日方實祇有在武裝警察的保護下，獨自派出領事赴任。幸好在洮南有滿鐵事務所，暫時可以利用它作為領事館辦公廳。赴任時，東三省當局或許會以武力來阻止，若果對方主動地惹起武力衝突，日方自大可以名正言順地請求軍方出動。如果為佔領奉天城而請求立刻出兵，將徒給軍方求之不得的口實而已。經過種種討論結果，總領事館的意見與我的想法大致獲得一致。至於赴任的領事，則決議交由有濟南事件經驗的領事藤村，藤村表示祇要外務省和陸軍同意，他願意接受，因之決定與軍方協商後再議，而於晚上八點鐘左右散會。軍方沒有參加的總領事館會議，尚且瀰滿了最後還是得使用武力的氣氛，滿洲情勢的危殆自不難想像。

柳條湖滿鐵線爆炸

負責與陸軍磋商的是我，而我又很想確知建川少將的下落，所以我找遍了軍方各機關，奉天城內主要的旅館和料亭，但我終於未能找到特務機關長土肥原前往東京期間，主持中村上尉喪事的花谷少校。當天晚上，林總領事去爲其朋友守靈，我一個人留在官邸，大約十時四十分，特務機關突然來電話說，中國軍爆炸了柳條湖滿鐵線，軍隊已出動中，要我趕快去。我直覺事件將擴大，於是給總領事留話的同時，我對全體館員發佈緊急召集令，要他們準備開夜車，趕往特務機關。

特務機關內，在通亮的電燈下，以應該老早就隨從司令官本庄離開奉天的關東軍高級參謀板垣征四郎爲中心，參謀們正在忙著。板垣上校聲稱「中國軍破壞了我重大權益的滿鐵線，因此軍隊已經出動中」，並要總領事館予以合作。我問說：「軍隊的命令是誰下的？」板垣答說：「因爲是緊急突發事件，司令官又在旅順，所以我代行了。」我覺得軍方的行動可疑，但沒證據我不敢講出來，而祇一再強調當以外交交涉，和平解決，並說：「既然出動了軍隊，我一定要以外交交涉，實現奉天城的平時佔領」。對我這句話，板垣上校大聲反問我說：「現在已經發動了統帥權，總領事館想插嘴和平干涉統帥權嗎」？而在座的花谷，更在我面前拔出軍刀，並恐嚇我說：「對於欲插嘴統帥權者，我將不客氣！」在這種狀況之下，自不能協議什麼，因而我便回到總領事館。我將一切經過，向總領事提出報告以後，遂著手電報東京和採取保護僑民的措施。

沿線各地軍隊出動

那天晚上，明治大學出身的東三省最高顧問趙欣伯博士再三來電話請求說：「中國方面將出於不抵抗主義，所以請日軍即時停止攻擊。」因此每次都由總領事或我，轉達板垣對方的意思，但都沒有任何反應。我們與沿線的領事館以電話聯絡結果，得知各地軍隊都已出動，事件並非局部的，而在逐漸擴大；因而總領事館遂進入非常時期體制，停止一切領事事務，暫時延期司法事務，全體人員辦理有關柳條湖事務。我主持與第三國和陸軍折衝，館內事務則完全由領事柳井恆夫（日後任駐哥倫比亞公使）負責。

當時，國際聯盟正在開會，所以時時刻刻直接向日內瓦、倫敦和華盛頓拍電報，電報事務的輻輳非常之大。但對於僑民的措施，如果太早發佈撤回命令的話，恐怕祇有動搖幾千住在商埠地區的朝鮮人，因而暫緩辦理。尤其是要撤回居住城裡的日本人，其人數雖然不多，但因爲是深夜，很容易發生意外事故，因此沒有馬上實行。而向對城內開始行動的聯隊，非正式探詢結果，得知他們並沒有砲轟城壁的企圖，所以便指示城裡的日本人集合滿鐵公所（主管滿鐵公共關係的辦事處）和日本紅十字醫院等兩三個特定場所，以待第二天的命令；而祇令商埠地內日人小學，把日皇照片繳還總領事館。

日軍到處搜查榮臻

在這期間，總領事館前面，有過因日本兵襲擊中國警察派出所而發生些小衝突；總領事館上空，砲彈不斷地往城裡飛，砲聲隆隆，館內的玻璃窗震動個不停。從總領事館走路大約二、三分鐘距離的奉天俱樂部，當天晚上外國人曾有集會，日方由領事三浦和一（日後做過克羅亞加代理公使）出席。根據他的說法，在俱樂部前面，有部汽車被鎗擊，一個中國人被一顆因爲貫穿玻璃窗的子彈而打倒，但外國人都沒受傷。大概是日軍想逮捕榮臻參謀長，到處搜查，而連累到旁人的結果。

我忙於接應內外記者和外國領事，館員團團轉於跟沿線各地領事館的聯絡，與東京的無線電聯絡和拍發電報。又，最先報導爆發柳條湖事件的是「電通」，不是「朝日新聞」或「每日新聞」。這是電通的大西（齋）分社長（後來轉到滿洲國通信社，戰後被蘇俄扣留）意料軍方一定檢查，所以用電話報到漢城，由漢城轉發回去的。這說明了富於機智者，一定領先。

使領人員受到威脅

這是九月二十日，深更半夜的事情。前後兩天沒有回家，而不眠不休的我，這天早點回家，並提早睡覺，迨至夜半，突然有人邊叮噹軍刀，用力敲門說：「我是軍方派來的，趕快開門！」內人出去開門，發現帶有酒氣的花谷少校來勢兇兇，於是按了裝在官邸的領事館警察的緊急鈴，因此官邸遂爲武裝警察所包圍。我穿睡衣出來跟花谷見面，他竟盛氣凌人地說：「政府之所以禁止朝鮮軍越境，是因爲總領事館發出中國軍沒抵抗的電報。如果要打出這種有害無益的電報，我將派一個小隊（等於中國的排）士兵來搗毀無線電辦公室，在閣議席上，幣原外相提出中國軍既然沒抵抗，日軍自應該停止攻擊的意見，這是由於上述總領事館錯誤電報所導致。我不想在這裡鬧，祇因爲跟你認識，所以特別來告訴你。」

我對他答說：「趙欣伯再三來電話講，中國要採取不抵抗主義，請趕緊停止日方的攻擊，因此照這樣打出電報。我們曾將此事轉達板垣。中日雙方軍隊既然正在交戰中，自不可能拍出中國軍沒抵抗，沒交戰的電報，這以常識也可以判斷」，而爲了愼重起見，我令他與總領事會面，然後他才回去。

可是翌日中午，片倉衷上尉提起林總領事寫給司令官本庄的私信，而直接向總領事抗議說：「總領事妨害了軍事行動。你把柳條湖的爆炸當做軍方所爲」。總領事私信沒交給司令官本庄，而似爲參謀所拆閱，片倉的口氣是，對於軍方的陰謀，隻字不提，日本政府之所以牽制關東軍行動，完全是總領事的唆使。

軍方對總領事館的態度，由以上所述一兩個例子，就可以知道如何險惡，而軍方的鷹犬浪人羣陸續由日本國內來到奉天，加以因爲一九二九年春天，城內爆炸事件而受到驅出處分的小日向權松一行也前來奉天，因此警察要我特別注意我自己行動，尤其林總領事和我，如果沒有警衛則不許外出。

日本政府弱點暴露

在另一方面，東京的滿鐵分社，接到長春正在準備軍用列車開往哈爾濱的電報。年輕的參謀們認爲這個電報，係由木村理事所策動，所以對木村非常怨恨，並說要以軍法會議來埋葬他。木村一直排除軍方的強硬方針，熱心於鐵路的交涉；尤其發生事件的前兩三天，乘新總裁內田康哉來到奉天機會，就鐵路交涉問題召開滿鐵、軍方，總領事館聯席會議。會中，木村曾以其淵博的見識和獨特的說法，把年輕的參謀們駁得體無完膚。自此以後，軍方對於木村的抨擊，遂日見激烈。同年十二月，林總領事爲轉任駐巴西大使離開滿洲，木村也大約於這個時候回東京去了。而這兩個人之離開滿洲，便是日本中央政府受著關東軍牽制的最好證據，也名副其實地證明了日本中央對於處理九一八事變之無魄力和無方針。

發生事件當時，我一直以爲建川少將是來煽動事件的，但綜合爾後的情報，纔知道日本政府獲悉關東軍有陰謀計劃，而遣派建川前來阻止。原來，主謀者們計劃肇事的並非九月十八日，而是九月二十八日，惟事機洩漏到東京，自刻不容緩，不如當日實行，於是將十八日抵達奉天的建川帶到料亭，予以「禁足」，當天晚上就幹起來。不過建川似無意阻止他們。

同天晚間，總領事館開完會議後，我曾設盡辦法與軍方聯絡，到處找他，但始終不知其下落。這等於說，我在找他的時刻，正是軍方專心於謀略的時候。

製造事件的主謀者

有人把那天晚上因爲關東軍命令，即時出動的守備隊長（獨立守備步兵第二大隊長——譯者）島本正一中校，和聯隊長平田（幸弘）（步兵第二十九聯隊隊長——譯者）當做主謀者的一夥，但事實上參加計劃的是板垣等兩三個人，加上東京參謀本部的重藤千秋上校，和橋本欣五郎上校等聯絡人。而其秘密，似由黑龍會方面洩漏出來的。爲了島本和平田的名譽，在這裏我要鄭重說明：他們兩位事先毫不知道事件的計劃。

九月十八日晚上，附屬地內的大和旅館東拓有過宴會。我們總領事館館員，因爲該日下午會議開得太長，所以都未能出席；島本出席這個宴會之後，稍醉睡覺中，接到命令立刻出動的。又，關於爆炸鐵路者，迄今爲止，雖然還沒公開，但實際上是特務機關附今田準太郎上尉（日後升爲少將，戰後病歿）率同滿鐵養路工，以手推車到現場命令其爆炸，但忠於職守的養路工卻抗議說：「保護鐵路是我的任務，我不能破壞它」，今田拔劍加以威脅後養路工纔把它爆炸。而爆炸距離之所以那麼短，就是由於這種原因。

李頓調查團的採證

美國總領事館的領事溫森（後來出任主管遠東事務的助理國務卿），精明熱心於工作，事發當夜，直至深更，他再三來找我，以搜集情報。他所提出的第一個問題是，出發長春的南行列車，通過爆炸地點是在爆炸前，還是爆炸後。這是我一點也沒有留意的問題。由於我實在不知道，所以約定調查後再答覆他，後來轉告他軍方說是爆炸以後。

在我印象中，他好像到滿鐵奉天車站去調查過的樣子。幾天後，美駐哈爾濱總領事韓遜奉美國政府命令，偕同駐北京大使館秘書索斯柏利前來調查，對於他們，島本詳細地就現場情況作了說明，並答說列車通行於爆炸之後。但沒多久，在日僑之間卻傳出通過於爆炸之前的風聞，翌年七月，李頓調查團來滿洲的時候，爲了求說法的一致，軍方、總領事館和滿鐵曾經協議，結果決定這樣說：「爆炸地點的距離很短，因此列車傾斜徐行而過」。李頓調查團完全沒有提到這一點，而李頓爵士獨自與我非正式會見時又說，調查團的使命是要如何收拾事變後東三省的局勢，因而沒追究爆炸的責任問題。同樣地，對於張作霖被炸死事件，也祇聽取我的說明而已。

佔領滿洲的前奏曲

要之，柳條湖事件決非單獨的突發事件，而是事先準備好的佔領滿洲之計劃的前奏曲。當時，在日僑之間，對滿強硬論是一種常識，並不稀奇，但特務機關的花谷和主要的年輕軍官們，卻時或討論滿洲合併論，甚至於主張（滿洲）獨立國家論。但我以這是青年軍官的大言狂語，他們的意圖頂多是以武力解決重要懸案，而名副其實地把滿洲歸於日本的實力之下而已，因此認爲，祇要能解決兩三起重要懸案，他們的態度自會緩和，軍方首腦由之更能抑制這些年輕人的胡鬧計劃。

可是，柳條湖事件一經爆發，我遂直覺花谷平常所言，絕非大言狂語。與發生事件的同時，沿線的全部軍隊便羣起出動，軍事行動甚至於擴大到遠離滿鐵沿線的吉林。九月二十日，土肥原就任奉天市長（司令官本庄曾事先諮詢我們的意見，我以對外關係的觀點反對它，關東軍法務部長大山文雄從國內法規的立場也予以反對）。從這些事實，我判斷這絕不是一個地區的事件，更不可能很快就可以收拾的。至此，我更不得不重視青年軍官的中心人物，具有爽直，從不隱藏而開放性格之花谷的存在。

關東軍計劃的秘密

從發生事件以來，軍方對於總領事館具有極高度戒心。他們不但視我們爲妨害軍事行動者，而且把我們當做幣原外交的代言人，故我們爲探悉軍方的眞意而費盡了苦心。不過，我從爲關東軍所最信賴，且與土肥原進入市政府工作的守田福松君處，獲得軍方祇印幾分，編有號碼的極機密文件，因而得知關東軍計劃的全貌。

守田是熊本縣人，俄日戰爭之際，以看護兵身分從軍，曾爲乃木希典上將所非常欣賞，這點可以乃木給他的幾封信爲證。戰後，他獲得醫師資格，在奉天開業，爲滿洲人所信任，同時擔任日本僑會會長（奉天跟其他都市不同，在奉天，日本人和朝鮮人屬於同一個僑民組織），多年來爲增進朝鮮人的福利做了不少事。郭松齡叛變時，他以侍醫臨陣，所以郭亡後，一般中國人因爲對張作霖的顧慮，不大願意跟他接近；但由於多年來的工作關係，他在東三省官場擁有許多知己的朋友，諸如于沖漢、臧式毅之參加滿洲新政權，大多在他的策劃之下而實現的。

佈署佔領整個滿洲

根據我從守田所得到極機密文件，關東軍不僅預定佔領自山海關至滿洲里的整個滿洲，並且對於全滿洲的行政、財政、金融等一切部門，決定了方策和機構的大綱，更就與第三國有關係的關稅、鹽務和郵政的處理也訂立了方針。我對於事變後由東京特地派來的外務省亞細亞局課長守島伍郎（戰後當選過日本國會議員），除詳細說明這個極機密文件的內容外，並以我個人意見，告訴他宣統出馬的可能性。守島曾一一記下來，但回去以後，他對外務省上司如何轉達我的說明，中央政府當局對我報告做怎樣判斷，迄今還是個疑問。或許跟我輕視花谷等人平常的大言一樣，外務省當局認爲我的報告過於誇張也說不定。

時至今日，我還是覺得，外務省當局如果認眞接受了我的說明，在處理事件上所採取的措施，不但不會常常慢一步，從而在某種程度上能夠制肘和指導軍方也未可知。

青年軍官控制軍部

第一線軍方的作法是，爲實現預定的計劃，以不管中央不擴大和局部解決的方針，擅自造成既成事實，俾硬把中央拖下去。這些中堅的青年軍官且主張，中央如果不贊成他們的意見，他們甚至於不惜放棄日本國籍，做滿洲人以貫徹他們的抱負。發生事件後沒多久，爲直接傳達政府的方針，中央派來了參謀本部部長橋本虎之助少將、遠藤少校和今井武夫上尉（盧溝橋事件當時駐北京大使館助理武官）來到奉天，但關東軍卻把他們關進設在東拓大廈裏邊司令部中，而且不許他們自己拍發電報。

盧溝橋事件當時，我跟今井在北京一起工作過，當我倆談到那時情況，今井則回憶說：「我從沒受過那種侮辱」。以板垣上校爲首，石原莞爾中校、花谷少校、片倉上尉四個人實際上控制著關東軍，司令官本庄和參謀長三宅（光治）不過是傀儡，司令官本庄的約定，日後可以取消，但片倉上尉的一言一句，卻得名副其實地當做關東軍意思來徹底執行，這是當日關東軍的眞正形象。

土肥原成恐怖象徵

又，土肥原被中國人稱爲「土匪原」，在洋人之間，則被喻爲「滿洲的羅倫斯」，人們說，土肥原所到地方必有糾紛。他懂得各種土話，所以有被利用爲工具的傾向。性情單純的他，大多爲中國人所愚弄，而他所搞陰謀當中，獲得成功的祇是拖出溥儀一項，後面將敍述土肥原、秦德純協定，和冀東防共自治政府的成立。

板垣這個人腦筋並不好，惟他不管好壞，凡部下所建議的都採納，並能付諸實行，因此爲其部屬絕對信任。總之，土肥原和板垣曾予中國人以很大恐怖，中國報紙甚至於公開報導說，祇要聽到板垣、土肥原的名字，婦女和小孩都不敢再哭。

藉辭修橋出兵嫩江

發生事件前幾天，因爲宋子文的慫恿，公使重光（葵）偕宋子文來到滿洲，擬加上張學良和剛上任的內田滿鐵總裁組織委員會，建議根本調整滿蒙問題的方案。惟這個方案，由於發生事件而流產；重光遂向日本政府建言要特別留意：「北方，關東軍北進後與蘇俄的關係；南方，海軍的行動。」我覺得這確是眞知灼見。

事件發生翌日，日本政府雖決定了不擴大局勢和就地解決的方針，但當地的情況卻並不那麼簡單。因為，滿鐵沿線各地的關東軍都已全部出動，而且到達遠離沿線的吉林方面。由於中央曾一度命令阻止朝鮮軍越境，故二十一日由司令官林銑十郎獨斷專行，當然是與關東軍秘密商量好的。十月十八日，日本空軍轟炸錦州，曾引起世界輿論很大衝擊。長春準備北行的列車，由於滿鐵、中東兩條鐵路路軌規格不同，技術上既需要調整，同時為了對蘇交涉上又不便太快開動，因此軍方曾一時中止進攻哈爾濱，轉向齊齊哈爾，由是獲得機會和口實，提出修理嫩江鐵橋問題。

連接洮南與位於齊齊哈爾入口之昂昂溪的洮昂線是一九二七年由滿鐵所完成的鐵路，由於東三省還沒付工程費，所以滿鐵擁有擔保權，事實上它被視為滿鐵的財產。乘屬於這個鐵路的嫩江鐵橋遭破壞的機會，關東軍於十一月上旬派出修理班，可是黑龍江省軍卻違反約定向他們開鎗；為保護該修理班纔出兵，這是當時關東軍聲明。從關東軍的作法，其出兵目標之為齊齊哈爾，是顯而易見的，而如衆所逆料，關東軍於十一月十九日進佔齊齊哈爾以後就不撤退了。

擔任嫩江戰鬪的是弘前（青森縣——譯者）的師團，由於裝備不夠，士兵太過自信其能耐寒，丟掉防寒衣具而猛進，結果不斷出現凍傷者；因而竟不得動員婦女會會員來幫忙治療被後送到奉天的傷病士兵。凍傷者不斷增加，甚至於引起這是參謀部的過錯呢，還是軍醫部的疏忽這種責任問題，而結論是，沒有預測到的狀況。又據說，卡車也冰凍得不能使用。鑒於既然有在青年團敢公開說，有兩百萬支竹槍就不必怕跟蘇俄打仗的陸軍大臣，上述馬馬虎虎的情事是很可能的。

娘子軍被送來送去

此外，齊齊哈爾領事清水八百一，在軍方進城齊齊哈爾前幾天，倉惶趕來奉天，經我介紹與板垣參謀會面。他向板垣說，祇要軍方不以飛機轟炸，齊齊哈爾的治安不會有問題，日本僑民也並不覺得危險，所以要求軍方能妥善處理。但板垣卻自始就計劃攻打齊齊哈爾，因此沒理睬清水的提議，而假浪人之手，製造爲其慣技的「開鎗事件」，從而進攻齊齊哈爾。

哈爾濱的總領事大橋（忠一）從爆發事件就極力主張出兵北滿，而與外務省發生種種摩擦。但清水與大橋爲人不同，平常既與軍方沒有太多聯絡，也沒想過軍方的計劃和時局的將來，而專心於日本僑民生活的照顧。並且他自己又從不上酒家；大橋預料軍方將常駐齊齊哈爾，因而從哈爾濱送「娘子軍」到齊齊哈爾；清水則認爲這將紊亂風紀，而把她們送回去，但大橋又把她們送回來。這些「娘子軍」遂在哈爾濱與齊齊哈爾之間來來去去。

掠奪滿洲全部領土

與此同時，由於與北京、天津的關聯，列國非常重視錦州方面的情勢。撤退奉天之張學良殘部，則以張作相爲首組織錦州政權，並企圖攪亂關東軍背後工作，因此列國遂於十一月底透過駐北京公使，建議與張學良之間，在錦州設立中立地帶，但沒有實現，軍方乘著這個機會，於十一月二十八日出動京奉線，雖曾一度因爲奉中央勅令而停止，但延至十二月底，又開始行動，並於翌年一月初，進佔錦州城。又吉林軍叛變時，關東軍便於次年二月上旬，揷足哈爾濱；同年十二月，追擊叛軍蘇炳文而進入滿洲里；進駐北鐵東部線的綏芬河是一九三三年一月；二月開始熱河作戰，三月上旬結束。至此，整個滿洲的領土，遂完全歸於關東軍支配之下。

日本政府於一九三一年九月十九日決定了局勢的不擴大和當地解決的方針。事件爆發之前，日公使重光與中國財政部長宋子文曾準備一起到滿洲，加上張學良和新滿鐵總裁內田擬以協議根本解決滿蒙問題的方案；事件發生以後，宋子文部長也曾非正式地提議中日直接交涉案。日本政府本來是有意答允的，惟因局勢急速擴大，中國政府遂停止這個提案，並向國際聯盟和美國政府提出控訴。

日本政府束手無策

爾後，中國政府命令張作相、王樹常兩位將軍向日本軍方提出，要協議有關出動附屬地外日軍的撤退，和由中國當局接替維持治安的任務事宜；但日本政府卻認爲，應該先討論保護在滿日本僑民之安全的基本大綱，並提出其具體綱目，雙方的主張終於沒有一致。

當時日本政府的方針和聲明，如果名實相符地實現了的話，日本的道義立場和國際地位或許會獲得加強；可是，日本政府卻軟弱無力，不能阻止第一線軍隊的獨斷越軌行爲。而且，對於現地又全然欠缺認識，因此，政府的外交與事實遠離，當地的局勢完全與政府的方針背道而馳。朝鮮軍的越境，雖曾一度被阻止，但在二十二日的閣議，卻承認了陸相南次郎的事後報告，而追認了其越境。

當有人主張為修理嫩江鐵橋派兵的時候，對於總領事館的建議：「修理鐵橋是名目，修好以後，將假保護現地之名不撤兵；然後對齊齊哈爾日人住家投擲炸彈，以便藉保僑之名進攻；說達到保護目的後將要撤兵，是敷衍的聲明，一進去，他們是絕不會退出的。對於以這些為前提之修理鐵橋兵的派遣，請慎重考慮。」政府置之未理，原封不動地重覆關東軍的形式上聲明，以致使駐箚國的外交使節大失面子。

無法遏止軍隊越軌

對於進攻錦州也是一樣。十一月底，關東軍依京奉線出兵錦州，我即時直接對駐外使節發出電報，可是外務省卻特意拍出「奉天總領事館的電報是錯誤的」更正電報。關東軍的出動，因為奉勅令一時停止雖然是事實，但這祇是冬寒在即，由於防寒衣具的準備還不夠充足，中央軍部不想重演出兵嫩江出了那麼多凍傷者。雖然有此顧慮，到了十二月底，關東軍再度採取行動，並於翌年一月二日佔領了錦州。

當進攻錦州被阻止時，當地的年輕軍官們皆切齒憤慨，認為是中央的不當干涉和多嘴；花谷少校更表演了痛哭流涕的戲劇性場面。戰後，遠東國際軍事法庭檢察官季楠在其求訊文中言及進攻錦州時說，日本曾對美國斷言，關東軍進攻錦州的報導並非事實，但以後卻實行了，而使美國懷疑日本政府的誠意。

國際信譽一落千丈

日本政府以爲，祇要經過閣議決定，並訓令駐外機構，便能貫徹執行閣議；祇要在閣議取得陸相南次郎的承諾，萬事將如意。然而對於駐外大使、公使，只是就過去的事實反覆說明和辯解，而且與現地局勢乖離的政府聲明和提案，一再地被推翻；所以日本在國際上的信譽完全掃地。

在美國，承受幣原外相作風的大使出淵勝次，由於照轉外務省電報，而被人們汚爲「撒謊大使」；反此，很清楚內政的駐蘇大使廣田弘毅，因爲不信賴外務省電報，置之不理，結果非常成功。但對於滿洲實況認識的程度，跟地理上的距離和來往者的多寡不無關係，亦即莫斯科最正確，柏林次之，國際政治舞臺的日內瓦最不行。在國際聯盟奮鬥的大使芳澤，回國途中路經柏林時由大使小幡（酉吉）得悉板垣、石原的陰謀而大吃一驚。因此，想期待外交使節之適切而有效的行動，簡直是緣木求魚。

要之，若槻內閣對於事變的眞相和將來的展望，自始就欠缺正確的認識，而以不擴大局勢和撤兵到附屬地內爲方針；惟政治力不足貫徹這個政策，所以於十二月上旬，爲改造內閣提出總辭職。

外交上三次反效果

在這一點，不容忽視的是幣原外相和當時外務省陣容。幣原外相理解華盛頓會議後的國際風潮，以及為實現它而作的努力是沒人能夠否認的事實。但他卻跟第一次中日戰爭時的陸奧宗光和俄日戰爭當時的小村壽太郎不同，太不關心內政，在性格上太拘泥於形式理論了。幣原外交對滿洲的挫折，實來自內交的失敗；照當時社會上議論，甚至有人批評說，幣原惹起了柳條湖事件。

幣原外相在國會預算委員會席上，曾因為就倫敦海軍限武條約作形式上答辯說，條約已經蒙皇上批准，從這點來看，國防上的安全應無問題。但，卻因此引起軒然大波。現在，我想就我親自經驗的情形作個介紹。

從一九二〇年到一九二三年，我在美國工作期間，快活而好酒的幣原大使，常常跟年輕人一起談笑。有一次一位隨習外交官談到一則滑稽故事，他說：「河那邊的雙親病急，不巧橋上有條瘋狗，橋這邊的一對年輕夫婦將怎麼過橋？」答案是吵架過去。(日本有句俗語說：夫婦吵架，狗也不咬。意思是說，夫婦吵嘴用不著別人管。這對夫妻如果吵嘴過橋，則瘋狗也不會咬他們—譯者)可是，堅持說理的幣原卻說狗不咬是抽象的吵嘴，人肉還是吃的，而並不服氣。這雖然是一場笑話，但我覺得這種形式論，正反映著幣原性格的一面，同時也表現了幣原外交的一半。

幣原外交以與美英協調爲其基本方針，並堅持尊重中國合理要求的立場，惟其太重理想，無視現實，所以反而至少導致了三次反效果。

第一次是一九二三年的北京關稅會議。這個會議一開始，日本全權代表表明有意承認中國關稅的自主權，使美英和其他國家啞口無言，日本國內輿論也以這是自主外交而熱烈支持。可是，當時的日本並沒有能夠容許中國關稅自主的準備，而且這個會議是關稅附加稅會議，根本不必談到自主權。此種不跟美英打招呼之日本的獨斷行動，纔是英日對於中國問題乖離的開端，可以說是其無視現實的典型。

第二次是一九二七年，國民革命軍迫近南京、上海方面之時。在有如海濤的革命軍勢力面前，英國放棄了漢口和九江租界，但爲了通商上關係，英國堅持保留上海租界，爲此必要時將出兵。當時，英國曾慫恿日本共同出兵，但爲幣原外相所拒絕。如果以共同出兵的方式，表示英日自然的協調，也許能夠預防例如南京事件那種不幸事件的發生，更不會予田中內閣時代以政略出兵山東的口實，而拒絕共同出兵，乃是促使英日乖離的第二個原因。

第三次是一九二九年，任命佐分利（貞男）駐華公使時候的同意問題。當時對於中國公使的任命，沒有一個國家請求對方同意的，但爲了討好中國，幣原外相新開了同意的慣例。這種早於實際情況一步的作法，不但惹起日後拒絕小幡公使的同意問題，並成爲中日邦交上的長久癥結；而且附帶產生領事認可狀問題，譬如哈爾濱大橋總領事赴任的時候，竟引起了中國不同意其執行職務的事件。所以，田中外交如果說是太重現實，幣原外交則算是太重理想了。

門外漢揷足外務省

現在，我要就爆發九一八事變當時的外務省陣容作個說明。壯年時代除釜山外，沒有在遠東地區工作過的幣原外相底下，次官是完全沒有遠東工作經驗的歐美派永井松三，亞細亞局長爲谷正之。而且，主管遠東事務的亞細亞局，課長以下甚至事務官皆爲歐美派所獨佔。這些人，在外務省自負日本外交在他們肩膀，既輕視其他部局，而且一旦要外派，則規避中國，搶先前往巴黎、倫敦、華盛頓等地。這種朋黨作風和割據主義，在外務省受著很大的非難。而對中國有經驗者多在處理遠東問題的陸軍，其所以批評外務省的對華外交爲電信外交和理論外交，並輕視這種傾向，由上述外務省此種陣容來講，自不是偶然的。

列強不承認僞滿國

九一八事變後，美國由於無法預測時局的變遷，和對幣原外相等人努力的期待，而採取靜觀態度。可是眼看日本一點也不實行公約，局勢日趨擴大，日軍轟炸錦州後，逐漸轉變到壓迫日本的姿態。因此，美國不但遣派觀察員到國際聯盟，與聯盟同其步調，並且於一九三二年一月，正式聲明不承認以違反條約之手段所造成的情勢。這就是美國的所謂不承認主義或「史汀生原則」，是美國對滿政策的基本立場。

英國雖然不全面支持美國的態度，但卻也不承認日本的行動。其他列強，尤其是中小國家之非議日本，是聯盟的經過所證明的。惟獨蘇聯這個國家，於一九三二年春天，馬占山舉兵之際，從中立立場，一變而為禁止黑河對岸布拉哥也貞斯克的中國總領事使用密碼電報；對於李頓調查團調查北滿拒絕予以方便。九月，同意在西伯利亞各地開設「滿洲國」領事館，更把北滿鐵路讓給「滿洲國」，予「滿洲國」以事實上的承認。

「滿洲國」政府聲明獨立以後，立刻開始接收海關和鹽務。當然，列國以破壞中國行政權和侵害對外國借款的擔保權而提出抗議；但事實上又沒有什麼對抗手段，所以祇有以不可抗力而默認，郵政也是一樣。但譬如奉天郵政管理局長玻列地（義大利人），斡旋於中國與「滿洲國」之間，一邊維持中國的體面，把管理局移交給「滿洲國」，因而由中國和「滿洲國」雙方獲得獎狀。

這個例子，簡要地說明了微妙的涉外事項的實際作法。正在擴大軍事行動時，軍部所關心的自然集中於軍事衝突，但缺乏國際知識的關東軍，往往輕視與第三國的關係。因此，當我們提出交涉案件時，便把我們當做第三國的代言人，甚至於時或視為非日本國民。與此同時，軍部大多把因為事變或軍事行動的結果，或者由此而附帶產生的事件，認為是與日本無關之滿洲新政權的問題。這種以形式的理論迴避責任，自不能為列國所接受。

在滿外人處處危險

列國以爲這是日本的責任，而不管事件之大小，統統拿到日本的外交機關來。以下我想略述主要的對外事件，我尤其要特別說明領事三浦和一的努力。三浦懇切而鄭重的應接以及流暢的英語，贏得了在奉天外國人的讚譽，所以三浦要調到蘇聯時，美英兩國的商會曾對日本政府以電報懇求他的留任。

而最使在滿外人緊張的是，隨處所發生土匪綁架外人的事件。一九三二年九月，在牛莊賽馬場騎馬中的英國人波萊夫人等兩人被綁架的事件，曾轟動全世界。當時如果動用軍隊和警察來營救，反而有危害其生命的危險，但如果不施加壓力，則無法達到營救的目的。必須觀察情況和討價還價，因此日本的各機關，尤其軍部具有維持治安的責任，對於土匪事件的處理也特別熱心。在營救前述兩個英國人時，大阪的俠客，事變後組織「滿洲國」正義團的酒井榮藏，毅然決然走在軍部之前，爲營救工作出了最大力量。

強制接收大連海關

由於大連海關位於日本租借地關東州內，與純粹在中國領土內的其他海關立場不同，因之如果沒有日本的同意，就是「滿洲國」也不敢強硬接收，而日本本身，如果公認「滿洲國」的接收，則將構成違反條約的行爲，所以不能同意。但剛獨立的「滿洲國」，其財政基礎薄弱，除非確保大連海關的稅收，很難保持獨立。因此任職「滿洲國」的總務廳次長（亦即總務副長官）阪谷希一和外交次長大橋等人，遂暗中策劃以實力接收大連海關，並獲得關東軍的支持。

我於一九三二年六月，接到前述兩人與關東廳河相外事課長就接收大連海關事宜秘密進行磋商的報告後，提醒大橋至少應該事先與日本政府充分商量。但自柳條湖事件以來，經常無視中央、獨斷獨行的「滿洲國」和關東軍，自不會重視我的意見。我同時接到一直強硬反對以實力接收大連海關的福本（大山郁夫的弟弟）開始軟化的情報，因而覺得非常難以處理。我絞盡腦汁思索怎樣不損傷日本對外立場而又能解決這個問題的措施，結果發現往年閻錫山在天津接收法國租界內海關的前例。

當時，以普特南・威爾筆名馳名的英國人辛布遜擔任海關長，因爲不堪閻錫山的壓迫，遂與關員背叛中央政府，將海關所有財物、設備，交由閻錫山接收。這時，法國租界當局以對租界的治安沒有影響，因此並未發動警察力量，以阻止閻錫山的接收，而其他列國也沒提出任何抗議。我認爲這樣急迫時，能拯救日本對外與對內立場的，實祇有倣照上述的前例，所以對大橋和河相暗示這個例子，並把事情的經過詳細電報東京。谷局長以接收大連海關爲大橋、河相所合作霞關（意味著外務省──譯者）的柳條湖事件，而非常痛恨；但以當日的情況，實在也算是不得已的措施。

此外，在海關方面還有交付正金銀行所保管牛莊海關的積存問題。接收牛莊海關時，大連的正金銀行支店長西（西是姓氏—譯者）曾經答應把這個保管款項移交給「滿洲國」；而這不但在北京、上海外交團引起問題，並且在倫敦也成為重要的國際問題。「滿洲國」以西氏答允而不肯退還，於是我對大橋強調接收大連海關時西氏的功勞，並說：「由於西氏沒有經過總行的同意，就答應把牛莊的保管金交出，所以對總行在立場上陷於苦境，現在纔正是「滿洲國」報答的時候。」我這樣訴諸於人情，大橋便立即同意。大橋是個很富人情味的人，比較重義理和人情，是外務省很難得的人物。

拒絕償還京奉路借款

京奉線是英國的借款鐵路，契約裡有「如果不履行債務時，債權者得直接管理」的一項規定。事變以來，東三省政權該償還的錢還沒付，事變之前開出去的東三省官銀號支票，因為軍部收押並管理該銀行，因此還不能兌現。債權者中英公司，從上海派代表到奉天，以交涉支票的兌現，但未為關東軍和「滿洲國」所採納。

關東軍的理由是，一旦對外國商社同意支付東三省政權所發行支票，奉天中國銀行所保管東三省政權的存款，將全部用上述的方法提出去，因而就失去軍部管理銀行的意義；但實際上是想拒絕支付償還的款項。我指出拖延支付時，中英公司很可能掌握鐵路的管理權，同時對中英公司勸告休想對於支票的支付，另謀以其他方法獲得現款，而爲其所接受。

又乘這個機會，就將來的償還金，簽訂了以山海關爲界，依英里的比例，奉天與山海關間的部份，由「滿洲國」來負擔的協定。

美國要求重開電信

美國無線電公司，因爲與中國政府交通部的契約，而跟滿洲無線電臺之間有無線電的通信，惟因軍部扣押無線電臺之後，一直斷絕。於是美國派代表來奉天，折衝重開其通信，但實際上要重新開始通信的話，唯有以「滿洲國」取代中國政府交通部簽訂新契約。可是美國因爲不承認滿洲國，而堅決要求履行與中國交通部的老契約，反此，「滿洲國」卻主張重新與「滿洲國」訂新契約，契約中要使用「滿洲國電信局」這個名稱。而我所提出的折衷案──「東三省電信局」案，也未能獲得雙方的同意。最後由我表明這不過是規定美滿間通信關係的協定，「滿洲國」無意把它利用於承認「滿洲國」的問題，懇談結果以「滿洲國電信局」新訂契約，恢復了美滿間的無線電通信。

張學良政權的賬款

發生事變當時，外國商社（包括日本人）對於張學良政權的未付賒賬一共一千一百件，總額達一千二百萬元以上。其大部份爲有關兵工廠的錢，如果因爲張政權離開滿洲而不付的話，可能有許多人會破產，因此成爲很大問題。於是總領事館搜集一切資料，先後與奉天省政府和滿洲國財政部折衝結果，並考慮商人對賒賬自始就預料某種程度上的倒賬，而終於使對方同意分爲兩年，以現金和「滿洲國」公債各半來支付。

對此，日本商人以這是因爲日方的努力而獲得解決，所以提出對日商優先支付和支付更多現金的要求；但總領事館卻堅持日人、外人絕對平等辦法，同時請滿鐵等巨額債權者放棄現款的支付，以其現款改支給日本的中小商人，以救助其窘境。

這些問題，如果只從解決後的現象來看，好像沒什麼。其實在軍事行動進行中，和非常反對外務省的氣氛之下，爲內外的折衝，既需要很長歲月、忍耐和臨機的裁量和判斷，至於其解決，也花費了好幾個月時間。

要利用李頓調查團

計劃九一八事變的軍部人士，並沒有特別考慮到當時國際情勢來行事；但從客觀情勢來看，對於日本來說，這是最好的時期。發生事變沒多久，英國首相麥克唐納面對空前的金融危機，與其多年來的政敵保守黨合作，組織聯合內閣，斷然停止金本位制；在美國，胡佛總統對經濟恐慌所採取的對策並沒有產生效果，而正是新任總統羅斯福推行新政之時；蘇聯國內，接二連三地發生農民暴動，處於動盪不安的時代。是即關東軍沒受任何牽制，能按照其所擬定計劃行事，乃由於這種國際情勢的結果，但關東軍卻以爲這是日本國力的發揮，絕沒想到國際制裁的可能性。

可是到了滿洲問題在事實上成爲國際聯盟的議題時，關東軍便不能不關心。

一九三一年十一月國際聯盟決定派遣對華調查團的計劃，原是日本提議的。九一八事變爆發，對於在日內瓦的日本代表部來講，是突然冒出的事件，加以前述日本政府的態度，日本代表確實面對著難以想像的困難。在另一方面，國際聯盟本身，對於錯綜複雜的中日關係，特別是李頓調查報告之所謂「在世界其他地方所沒有過的滿洲特殊局勢」毫無認識，而對於這種特殊局勢用之以普通文明國家的世界尺度，自然會產生許多問題。

由於這種現實，外務省乃決心要使國際聯盟對中日關係和滿洲問題具有正確的實際認識，奉天總領事林久治郎遂對於日本政府之擬邀請聯盟調查團案表示贊同。在第一線的我們之所以贊成調查團來訪，並不是期待它的調查會有什麼結果，而是認爲如果有五、六個月時間，列國的對日空氣可能緩和些，在這期間，日本政府或能重新檢討對事變的方策。

惡補提出不實資料

一九三二年一月，以李頓爵士爲團長，法國克勞德將軍、美國麥考益將軍、德國希尼博士，和義大利阿爾特洛萬第伯爵的人選一決定，東京和滿洲便開始進行各種準備。爲了統一滿日雙方的說明，大家遂日以繼夜地忙於整理資料，擔任問題的人選，製作和翻譯文件等等，尤其致力於滿洲官民和在滿日人的指導，拼命地「惡補」。在這過程中，最成爲問題的是，如前面所說，是爆炸鐵路與南行列車通過時間的關係，並強詞奪理地決定了「由於爆炸地點的距離很短，所以列車歪著徐行而通過。」其次，因爲反日、反滿份子的策動，深怕調查團一行的安全發生問題，事先都有所準備；實際上，調查團一行來滿之際，在大連也確曾經發現過暗殺計劃。與此同時，知識階級的滿人對於調查團的期待很高，知識程度低的一般滿人又對西洋人具有強烈的畏敬之念，所以軍方的宣傳班便拼命張貼「聯盟不足怕」的傳單，惟這些傳單文字挾有平假名，而一般滿人卻祇撿讀漢字部份，因此把這傳單讀成「聯盟足於懼怕」，而鬧成笑話。

企圖串演綁架團員

隨調查團一行的來訪，又引出兩三個問題。一個是他們來滿以後，將使用京奉線的貴賓車，並要把它當做他們在滿期間的宿舍案。「滿洲國」當局認爲這是對於獨立國家的最大侮辱而極力反對，但這個案，因爲日本的斡旋而停止。其次是中國方面的隨員顧維鈞博士的來滿問題。顧博士曾經批評「滿洲國」爲僞國，因此如果在日本之行政區域的關東州和鐵路附屬地，「滿洲國」對顧無能爲力，但祇要他一捅足「滿洲國」領土一步，則將予以逮捕。

對此，調查團表示，如果這樣，他們將不來滿洲，而使慫恿調查團前往滿洲的日本政府進退維谷。陸軍對「滿洲國」當局曾有所指示，但次長大橋卻一直不肯同意，而令外務省對大橋束手無策。爲此，關東軍橋本參謀長曾甚至於想對大橋採取某些行動，惟顧博士自動表示他將不出去附屬地外而獲得解決。最可笑的是，隨從該一行的外務省某高官，爲顯示日本陸軍的威嚴，曾提議在奉天舉行大規模閱兵。這還不要緊，他更建議一行自山海關到滿洲路上，令土匪綁架這一行，然後由關東軍來營救。對這一構想，連板垣參謀也不禁苦笑。當然，我即時拒絕轉達他的建議，可是他卻揚揚得意地對板垣提出，這不是很可笑嗎？

調查工作避重就輕

調查團一行於五月二十一日抵達奉天，我於二十三日跟他們初次會面。這一天，主要是應李頓爵士的質問，說明中村上尉事件和在滿共產黨問題。調查團繼而與司令官本庄以下陸軍軍部會見，然後前往北滿。結束北滿的調查以後，於六月中旬再度來到奉天，此時我連續四天，從上午十點到黃昏跟他們長談。

李頓爵士在印度經驗過殖民地行政；德國的希尼博士是殖民地問題的權威；美國的麥考益將軍具有佔領古巴時的軍政經驗，而且一九二三年，關東大地震的時候，他曾由菲律賓送來救援物資。除此而外，以研究滿洲問題馳名的美國奧達・楊博士等十四、五名以上的隨行專門委員也都出席會談，因此他們所提出的疑問，包括中日間的基本條約、滿洲的政治地位、中日間的政治經濟關係等基本問題，軍方演習的例行、商租、課稅的實際情形等排日問題，以及鐵路附屬地與中國街的電信、電話、自來水等聯絡，榊原農場、十間房陸軍用地等大小問題。

綜合地來看，調查的對象似不在查明中日兩國的責任，而在弄清楚惹起九一八事變的幕後關係和歷史背景，所以，對於炸死張作霖和炸燬柳條湖鐵路的責任等微妙問題，也就避免深入。惟當時我們對於錯綜複雜的中日問題，尤其是立於特殊的歷史、政治、地理關係的滿日關係，處之以世界一般能通用的普遍觀念，不過從現在看來，調查報告特別是解決方策是相當中肯的。

內田康哉破壞體制

與調查團前往滿洲之計劃的同時，在當地建設新國家的運動忽然激烈起來，是即關東軍希望在調查團來到滿洲之前完成滿洲的建國，在調查團向聯盟提出報告書以前，由日本政府承認「滿洲國」，以製造既成事實，俾使日本立於堅定不移的地位。對這，外務省以爲，「滿洲國」的獨立雖然是不得已，但最好能延緩日本政府對她的承認，以保持調查團的面子；而調查團本身對日本也這樣表示。惟調查團還在遠東時就發生五・一五事件，犬養內閣因之垮臺。而繼任的齋藤（實）內閣的外相人選正在傳聞時，我接到了外務次官有田（八郎）用館長符號的極機密電報。所謂館長符號電報，就是要館長親自解譯暗號，內容不能告訴其他館員的電報。這是「外務省對滿鐵總裁內田發出館長符號電報，即時轉告總裁一定要親自解讀」的訓令，同時命令「轉達內田總裁之就任外相，係外務省全體員工一致之願望，請他務必惠允」。由於很急，因此我用電話向內田總裁報告，惟他耳朵很重聽，而他的秘書同時曾爲外務省名人的杉本重道老人也是一樣。所以我很耽心是否能把話傳到，結果內田瞭解了。外務省的意思好像是，想請在滿洲第一線與關東軍接觸比較多的外交界大前輩做外相，以便牽制軍部。事實上，爆發九一八事變沒多久以前來到滿洲的他，就非常掛念當時的滿日關係。譬如來奉天做上任拜訪時，便與中國方面人士大事聯歡，很熱心於打開局面。

奉天總領事館宴會時，總裁內田與參謀長榮臻意氣相投，再三互相乾杯，榮臻說迨至翌日的內田總裁歡宴，他起不了床；內田用在北京學的拙笨中國話，與榮臻交談。內田大概很喜歡當時的氣氛，因此一再要求給他寄去宴會時所拍的照片，惟照片還沒洗好之前，就發生柳條湖的衝突了。可是，發生九一八事變以後的內田總裁，竟變成了另外一個人。他一就任外相，便向李頓爵士表明將要承認「滿洲國」，而令調查團非常失望；日後他更公開倡說所謂焦土外交，是以啓開破壞華盛頓體制之端的，竟是負責簽訂華盛頓條約和非戰公約的內田康哉其人。

一九三二年九月，日本簽訂滿日議定書承認「滿洲國」，決心推進大陸政策，因此，人們的注意力遂集中於北滿的對蘇關係。陸軍內部，在爆發柳條湖事件時，就有「必要時也要攻打蘇聯」的強硬論，惟由於關東軍的自制和蘇聯的愼重態度，日軍開往北滿時才沒有發生重大事件。

當時，蘇聯在西伯利亞的軍備還不夠充足，國內情勢也非常不安定，所以於一九三一年十二月，對於順便到莫斯科訪問的大使芳澤，李托維諾夫曾非正式地提議，要跟日本簽訂「俄日互不侵犯條約」。芳澤就任外相以後，由於發生上海事變，李頓調查團前來滿洲，因爲五・一五事件犬養內閣提出總辭職等等，因而日本政府沒有正式處理上述提案，但日本政府承認「滿洲國」以後，便開始討論它。

軍部反對接近蘇聯

關於這個問題，從莫斯科回國的大使廣田弘毅認爲，應該先解決諸懸案，然後再談互不侵犯條約。相反地，「滿洲國」外交次長大橋以爲廣田案不夠積極，而主張「即時和無條件締結協定」，理由是爲謀求「滿洲國」健全的發展，必須先消除背後的威脅。又，一九三二年夏天，新設「滿洲國」大使館的新任參事官川越茂（日後的駐華大使），以「蘇聯之所以不敢挑釁，乃由於日本軍備和日軍進擊蘇聯的形勢。因此，我們不能自棄這種有利的武器，如果這樣做，徒將加強蘇聯的立場，導致對蘇交涉上的不利而已。」，因此反對締結互不侵犯條約。

那時候，我內定奉派到哈爾濱工作，於是問了新任關東軍參謀長小磯（國昭）的意見，他坦率地說：「與蘇聯簽訂互不侵犯條約，日本國內可能出現減少軍事預算的主張，軍部如果有人反對互不侵犯條約，就是基於這一點。因而假若能把條約的期限定爲三年或五年，也就可以因應條約失效後之需要的理由，或能夠一方面把『縮小軍備論』壓下去，另方面說服軍部的反對。總之，關東軍對這方面沒意見。」而原則上表示贊同。我的想法與上述的意見有些出入。我倒覺得，在

「蘇滿」之間締結互不侵犯條約，遠比「蘇日」互不侵犯條約實際而可行。

事實上，當時的陸軍內部，荒木（貞夫）、眞崎（甚三郎）等的勢力仍然很大，其底下之參謀本部的小畑敏四郎少將，和陸軍省鈴木貞一上校等對蘇強硬論者還是主流。加以政友會的森恪和外務省的情報部長白鳥（敏夫），也是反蘇派的同路人，亦即鈴木、森恪、白鳥的攜手，在實際政治上是個不可忽視的勢力。此外，這時在日本國內共產黨非常猖獗，因之，國本社等右翼團體極力反對日本與蘇聯接近。

在這種情勢之下，我認爲如果太公開主張蘇日互不侵犯條約案，勢將助長反對論者的團結，否則爲了削弱反對論的口實，至少在表面上，以僞裝倡說締結蘇滿間的條約爲宜。爲此，應該先簽訂蘇滿互不侵犯條約，迨至適當時期，基於滿日議定書第二條共同防衛的規定，日本再採取確認它的方式比較實際。所以我告訴大橋我這個意見，並希望利用其作爲「滿洲國」外交次長的地位，全力實現這個方案，可是大橋卻堅持他的主張到底。

蘇日關係漸趨惡化

大橋回到東京以後，訪問各界，以他獨特特的熱衷和耐性，力倡締結蘇日互不侵犯條約的必要，結果，如所逆料，使反對論者態度硬化。不特此，外務省本身的意見也不一致。白鳥以如果是帝俄還無所謂，與不同其國體的蘇聯之合作，從主義上的觀點也絕對反對；並且認爲，史大林政權的基礎，祇要從外面加以壓迫，將很快地崩潰。

歐亞局長松鳥肇（後來的駐義大使）以爲，蘇日之間既然有北京條約和非戰公約，互不侵犯條約將是重床疊架，但這是法律上和技術上的議論，殊不値得重視。其中，有田次官和谷局長全面地贊成我的意見，惟認爲倡之過早，反而於事無補，因此要我把這個問題交給東京，趕緊回到任所。

我回到奉天後，於十二月前往哈爾濱就任新職（哈爾濱總領事——譯者），並期待有田、谷兩人的努力，但日本政府終未獲得結論，而自蘇聯非正式提議此案以後八、九年，一直擺在那裡。在這期間的滿洲，陸續發生紛爭，德日締結防共協定等等，蘇日關係日趨惡化下去。基於這種觀點，我認爲日本在外交上失去絕好的機會。

促蘇出讓北滿鐵路

我到哈爾濱任職的一九三二年年底，俄日互不侵犯條約問題尙未上軌道，但北滿鐵路的出讓問題則於一九三三年五月，由李托維諾夫向日駐蘇大使大田（爲吉）正式提出，並已經開始談判。當地的我們覺得並希望，縱令互不侵犯條約沒具體化，只要北滿鐵路交涉還在繼續，至少有「不可侵犯的事實」，總有一天會從這個事實關係發展到條約關係，而爲改善俄日關係悉力以赴。

原來，先提出這個問題的是廣田大使，其經過是這樣的。我還在奉天工作的一九三二年夏季，北滿鐵路東部線的小城市一面坡曾被反滿軍所襲擊，爲了保護日僑，關東軍認爲需要派兵。從九一八事變以還，蘇聯當局對於關東軍的鐵路輸送，都很簡單地予以承認；可是，這次蘇聯的回答，卻一再地拖延。我受司令官本庄之托，照會莫斯科的大使廣田，而廣田的回電竟說：「關東軍對北滿鐵路當局，提出要其總括上和原則上答應全線義務輸送日軍的要求，蘇聯政府認爲這是超越技術上範圍之重大政治問題，因此正在愼重研究中。」

而調查結果是，在哈爾濱設有線區司令部（相當於 Railway Transprtation Office）的司令官，交涉派兵一面坡之際，考慮到今後需要，自行裁量提出全線的要求所導致。經過日方解釋後，蘇聯便很快地同意對於一面坡的軍事輸送。就這種問題正在與加拉罕會談的廣田，順便試探對方的意向：「這樣一個一個解決地方性案件，對於蘇日關係的改善並不會有太大幫助，此時此地，我們不如從大局來對大政治問題下手。」

對這，加拉罕反問：「有沒有什麼具體的方案？」廣田答說：「可否考慮出讓北滿鐵路？」於是，不久遂由加拉罕向廣田正式提出蘇聯擬出讓北滿鐵路的官方意見，繼而廣田想試探其價錢等等。惟日本政府命令廣田不要再深入，所以出讓北滿鐵路的問題，也就不了了之。

當時，陸軍內部和滿鐵本身多數人的看法是，收買北滿鐵路的事不必太急，因爲計劃中的新鐵路完工時，北滿鐵路將爲日本鐵路網所包圍，其存在價值自然會隨之而減少，我們不如等著熟柿落地。這點，可謂打小算盤的短視之見。在北滿的蘇日兩國機關，都贊成開始出讓交涉，惟急躁的關東軍想令蘇方重新提起這件事，而出於在滿洲里停止蘇聯鐵路的延伸，和壓迫蘇籍鐵路員工的高壓態度。

耽心這種情勢的大使大田，在莫斯科一再商議結果，蘇聯政府於一九三三年五月，正式決定開始交涉出讓，並向大田提出。本來，蘇聯之決心出讓北滿鐵路，實來自前駐日大使托羅雅諾夫斯基和駐哈爾濱總領事斯拉夫斯基的建議；而在兩年左右的交涉期間，斯拉夫斯基總領事之所以這樣熱心，其理由可能在此。

當時，斯拉夫斯基三十六、七歲。他在二十歲前就離開大學，加入共產黨，當過秘密警察和赤衛軍，同時以外交官身份在蘇聯勢力與外國勢力接觸的最尖端國家波斯（伊朗）、土耳其等國家服務；九一八事變爆發，即被派到哈爾濱，然後就任駐日本大使。做爲駐北滿官員，他統率蘇聯的各機關，對於北滿鐵路的立場和發言，似比駐日大使尤列涅夫有權威猶若蘇聯駐遠東代表。

不照規定交手摔角

北滿鐵路終於決定由「滿洲國」收購，並於一九三三年五月開始談判。在七月三日的會議席上，雙方開出價錢，蘇聯要三億五千萬盧布，「滿洲國」祇出五千萬元，相差太大，因而會議即時停頓。在召開正式會議之前，沒有事先非正式地交換意見，對於有關會議經過的公報，又沒有互相商量而雙方各自發表，這種做法，與不按照規定比賽摔角一樣，絕不是辦法。

而且，要在蘇、日、滿間險惡的空氣中進行交涉，必須避免當地的不必要摩擦，可是，當地的實際情況卻恰恰適得其反。是即在第一線陸續發生破壞東部線軌道情事，以及顛覆列車，非法佔據北滿鐵路的財產，逮捕和監禁蘇聯人等事件。日方把破壞鐵路和顛覆列車宣傳爲蘇聯妨害在東部國境築造要塞的行爲；但事實上，多是沿線日軍和滿系機關所嗾使。

一九三三年九月，「滿洲國」以攪亂治安爲理由，逮捕了六名蘇籍北滿鐵路的員工，會議因之完全中斷。更壞的是，十月上旬，發生塔斯通訊社以滿日有以實力奪取北滿鐵路的陰謀，而揭發大使菱刈（隆）對外務省拍六封電報的事件（其中一封是我發給菱刈大使的）。日方以爲這是蘇聯惡意宣傳，而加以否定，但這是眞正的官方電報。軍方一部份人甚至認爲，這是我與歐亞局長東鄉（茂德）等欲促進交涉所採取的措施，亂猜一場，但以我名義所發電報是我出差長春參加全滿領事會議時，哈爾濱總領事館發的，至於我自己，我回到哈爾濱以後，從金庫取出來電信案纔看到。

機密洩漏再度談判

蘇聯如何取得這些電報，至今不明，但我相信這是從長春出來的。因爲在長春的日本記者之間，有十天之內必能拿到幾份副本文件的說法。「滿洲國」有太多不懂得密碼之重要性的人。「滿洲國」內有許多複雜份子，沒受過充分訓練就去擔任官吏的，因此從長春漏出來的可能性最大。

如此這般，開始會議經過一年半，到了一九三四年十二月三十一日，斯拉夫斯基突然來訪問我，並跟我肆無忌憚地懇談很長時間。這時我獲得祇要解決六名員工的逮捕問題，會議必能即時重開的印象。於是一進元月，便開始非正式議商，十八日，我倆之間成立了如下的了解：六名之中三名令其自動辭職後回國，其他三名則回到北滿鐵路的原單位工作，滿日政府一同意這個方案，就重開會議。

由於斯拉夫斯基特別提到，如果日本政府不立刻同意，尤列涅夫大使很可能提出不同的意見，所以我們極力要求東京妥善處理。可是東京卻以斯拉夫斯基與尤列涅夫的話有出入，莫斯科的眞意尙有疑問，而來了應該暫時延期釋放的電報，因此會議又失去了重開的良機。爾後，「滿洲國」因爲實施帝政，以大赦的意思，自動釋放了這六個人，由之會議遂於二月下旬重新開始。

訂下互不侵犯條約

三月十日左右，我突然接到決定於三月二十三日上午十時要簽字的東京急電。但從蘇滿間就技術問題所作實地交涉的進展情形來看，二十三日簽字是辦不到的。所以我向東京報告這個情況。可是東京卻即時回電，要我介入蘇滿之間，由我裁量，在二十三號以前把它全部解決。

在現地，未解決的案件有北滿鐵路借貸對照表的編造，以北滿鐵路爲被告之訴訟事件的處理，和北滿鐵路財產表的編造等三件，惟由於蘇滿間的意見和資料有很大距離，要早日處理，恐有困難。所以主要地由斯拉夫斯基和我來從事政治折衝，我也就不一一與「滿洲國」和陸軍協議，而自行獨斷處理。有關借貸對照表和訴訟事件的了解，乃爲條約附屬文書所必需，因幾十年來它一直在蘇聯實力之下，要編造一個借貸對照表，得過目充滿幾個房間的文件。加以有蘇日滿三國語文，因此最後的三天，蘇聯總領事和我，日以繼夜，不眠不休地趕，直至簽字前一個小時的二十三日上午九時纔全部談妥。

自來，要出讓像北滿鐵路這樣長的鐵路，應該從調查完了的部份先移交，或者全部調查完了之後再移交。如果這樣做，則需要很長時間，而在這期間，隨時有變卦的可能。廣田外相考慮到這一點，所以不等事務上的處理，就從政治立場來決定簽字的日期，這確是一種政治卓見。

最後，我想談談實行出讓北滿鐵路之蘇方態度。他們連一支已經用過的鉛筆，一張舊紙都搞得整整齊齊列入移交。移交時，在嚴肅而莊嚴的儀式中，降下北滿鐵路旗，升起「滿洲國」國旗，堂堂正正，充滿禮讓的態度。這比諸以前要把山東鐵路出讓給中國時，日本員工在移交之前，故意破壞財產，實有天淵之別。哈爾濱特務機關長安藤麟三少將說得好：「從蘇聯員工這種有訓練有節制的態度來判斷，紅軍的規律統制，一定非常之嚴。這對於下克上之風潮滔滔的日本陸軍來講，實不失爲當頭棒喝」。

侵略華北浪人橫行

滿洲獨立的結果，因爲地理上、民族上、經濟上不可分割的關係，華北問題遂自然增加其重要性。尤其是張學良政權以京津爲根據地，從事反滿運動，因此關東軍更加關切。與蘇聯的關係，幸好正進行著北滿鐵路的交涉，所以能獲小康狀態；但華北的情勢，卻日趨惡化。

一九三三年春天，關東軍擬趁熱河作戰之餘勢，一舉攻下中國的京津地區，惟迄五月間，由於成立塘沽停戰協定，情勢又告安定。基於這個協定，在河北省北部的所謂冀東地區，設立了非武裝地帶。從關東軍方面來講，是它對於華北獲得優越地位；對中國方面來說，是它在長城一線阻止了關東軍的入侵，雙方還算「滿意」。如此這般，而有廣田三原則的聲明，有吉（明）、汪（精衛）會談等。中日關係開始有改善預兆，中日兩國暫時把滿洲問題擱在一邊，進入懸案的交涉，結果實現了滿洲與華北的通郵和鐵路的聯絡。

但是，具有推進大陸政策野心，以爲滿洲的資源還不夠，而著眼華北富源的關東軍，自不放棄對華北的侵略，因此關東軍遂以非武裝地帶作根據地，用盡辦法，著手所謂的「華北特殊工作」。隨即相繼發生外交部長汪精衛被狙擊事件和外交部次長唐有壬被暗殺事件。至此，逐漸改善的中日關係，又再度逆轉。

在非武裝地帶內，有無數由奉天特務機關長土肥原操縱的土匪和浪人橫行無忌。一九三五年五月，以天津租界內親日派報社社長被殺爲轉機，在關東軍踏進關內的威脅下，締結了所謂「梅津、何應欽協定」。中國國民黨黨部和中央軍由河北省撤退，二十九軍的宋哲元成爲京津的實力者。大約與此同時（六月），乘日本軍人在張家口被中國軍扣留的機會，簽訂所謂「土肥原、秦德純協定」。自此，中國國民黨機關全面地由察哈爾撤退。

冀東走私自由飛行

在另一方面，對於內蒙古，關東軍正在計劃建立以德王爲首揆的自治政府，而以這一連串工作爲基礎著手的，就是華北五省的自治；亦即華北之分離中央的運動，其具體表現則是以殷汝耕爲「主席」的冀東防共自治政府。這個政府以非武裝地帶的冀東二十三縣爲其統治區域，以五色旗代替青天白日旗，採取半獨立型態。就南京政府而言，領土的完整和行政的統一最爲重要。而在上述情勢之下，有兩個問題值得注目，一個是所謂冀東貿易，另一個是所謂自由飛行，而這兩者都是關東軍的產物。

對於冀東地區的非武裝，日軍無理要求海關巡邏船的非武裝。而關東軍便乘沒有武裝，以冀東地區爲大本營，在許多無賴的實力擁護下，大搞其走私的勾當。走私品在京津地區不必說，從山東一帶甚至於達到長江流域，因之大大地阻礙了列國的正當貿易，從而成爲國際關係上的一大問題。而在日本商社之中，充當走私頭目的是，以前曾列名實業同志會之加納某所經營的大隆公司。許多中國人認為，這個公司名稱係來自外交次長大橋的「大」字和關東軍田中隆吉上校的「隆」字，但他們兩個人卻跟它沒有任何金錢上關係，這是我特別要說明的一點。

另外，關東軍以監視非武裝地帶內是否撤除武裝的名目，跟這個地帶開始航空聯絡。由於沒有經過中國的同意，人們把它稱為自由飛行，後來更任意飛到山東，並且不僅軍用，甚至於公然定期輸運一般旅客，其為侵犯中國主權，自不待言。

成都日本記者被殺

我自一九三五年十月至翌年七月，在柏林服務（擔任駐德大使館一等書記官——譯者），八月回國，隨即接到出任東亞局長的密令，而正在準備前往中國考察時，在成都發生了日本記者被殺事件。這時，擬前去成都上任的領事岩井英一，未能獲得南京政府的諒解，而在重慶停脚的時候，先行擅自插足成都的日本記者，因為激起民衆憤怒而被殺。此時，陸軍之愼重，簡直令人不敢相信。他們毫無動靜，與一年後盧溝橋事件時相比較，眞有天淵之別。這可能與那一年，開始以蘇聯為目標的五年計劃有很大關係。

我首先到上海和南京，在這兩地，對於成都事件的解決，有硬軟兩論的對立。那時，還在上海的大使館這樣主張：「現在中日間的氣氛既然不好，成都事件應該趕緊解決，我們不能以此為藉口，提出其他問題」；反此，南京的總領事須磨（彌吉郎）卻非常強硬。也許是因為他親手經辦很多懸案的緣故，所以主張乘此機會全面解決諸懸案，並親自給外務省打電話，抨擊大使館的意見，不等外務省訓令，就向中國外交部提出懸案一覽表。強硬論者的主要意見是，不解決華北問題，則無以根本解決中國問題。我繼而由南京到漢口，在此地，也發生了總領事館警員吉岡被搶殺事件，人們正在議論長江上游日本僑民的撤退問題，群情騷動。

侵犯綏遠會談中止

結果外務省採取了總括交涉諸懸案的方針，而對於華北問題，在交涉過程中，如果可能，則希望造成將來還有會談的餘地。大使川越再度與蔣先生懇談，而跟外交部長張群的交涉也比較順利。眼看交涉順利的外務省，遂逸出當初的方針，過分貪戀於華北問題，並在拖延交涉的期間，更發生了所謂綏遠事件。這是該年十一月，在關東軍參謀長東條（英機）直接指揮之下，田中隆吉上校率領德王和李守信的蒙古軍，扛著「建設蒙古人的蒙古」之大旗，入侵綏遠省，卻被中國的傅作義部打得頭破血流，田中乘機逃走僅免身死的事件。

蔣先生以無法瞭解爲調整國交，正在進行友好會談時，竟又出現新侵略之日本政府的用意，而通知停止會談。至此，調整國交的企圖又再度受挫，於是日本政府遂不得不於十二月下旬，單獨解決成都事件，以敷衍一時。（譯註二）

（譯註一）所謂三月革命是一九三一年三月，陸軍的中堅軍官橋本欣五郎、長勇等櫻會幹部，小磯國昭、建川美次等陸軍中央的人，以及民間右翼大川周明；社會民衆黨龜井貫一郎等計劃發起政變，準備由大川、龜井等動員羣衆，包圍國會，乘其混亂，宣佈戒嚴，將軍隊引進國會，成立以宇垣一成陸相爲首相的軍事政權，以改造國內，惟計劃不週密和宇垣躊躇而未遂。這個事件在軍部內一直守著秘密，沒有處罰，到戰後才公開。又，因爲這個事件，日後更誘發了好多事件。

（譯註二）森島守人，九一八事變當時是奉天總領事館的首席領事。本文譯自其著「陰謀、暗殺、軍刀」一書。

（原載一九八四年「中外雜誌」）

九一八事變在吉林

石射猪太郎

九一八事變的前奏曲——中村上尉事件

依我的解釋，滿洲的不安，是因炸死張作霖，由日本所導致的。張作霖晚年後愈老獪，不聽日本人的話，但他的生命線實在依靠日本，當然他很清楚這個事實。因欲挿足中原的野心而進出京津，如一敗塗地，祇要逃回日本所賴以爲其生命線的滿洲，不必請求，日本便會保障其最低限度的不可侵的地位。反此，對日本來講，其在東北的特殊權益，有了張作霖纔得維持，甚至於對他可做些過份的要求。是以東北的特殊地區性，唯有由日本和他互相幫助纔能相輔相成。換句話說，日本的生命線和張作霖的生命線，在大體上是一致的。可是，日本軍部竟把張作霖這個偶像炸掉了。東北的災禍，乃由此而開始。

所以，張作霖的兒子張學良，把日本當做他不共戴天的仇人是應該的。此時，國民政府的勢力延伸到東北來了。於是，張學良遂把乃父時代依靠日本更改爲依靠國民政府。國民黨遂在東北各地設立支部，揷青天白日國旗，排日氣氛，由之日益濃厚。他們大叫消滅東北特殊權益，收回旅順和大連。東北中央化的攻勢，很快地展開。張學良很大膽地加強滿鐵包圍線，爲與大連爭長短而著手築港胡蘆島。由於此種攻勢，日本的權益和東北之特殊地區的性質，遂日趨淡薄。東北境內的問題，一向以張氏政權爲對手交涉的日本的方針，幾乎不可能維持了。凡此，都是從炸死張作霖而來的。

爲了挽回這種衰勢，幣原外交自不便採取開刀的手段，但有沒有其他外交的妙策呢？鄉下領事的我，當然很憂慮東北的局面。這時，繼萬寶山事件而起的，就是中村上尉事件。

這是奉密令爲實地調查興安嶺而到內地的中村震太郎上尉，在洮南附近，爲駐屯該地的奉天軍官兵所鎗殺的事件。關東軍以這爲重大事件，而要求奉天總領事進行外交交涉，並表示如果中國方面沒有誠意，將以實力解決的強硬態度。林（久治郎）總領事遂與奉天省政府開始交涉，奉天省政府要求給它調查眞相的時間，而派員到肇事地去調查。但調查工作並不順利。軍方很快就斷定省政府沒有誠意，可是接著傳來情報說，爲了下一個企圖，軍方倒不希望解決這個事件。而所謂下一個企圖，就是九一八事變。

萬寶山事件和中村上尉事件，人們說它是九一八事變的前奏曲，而使它成爲前奏曲的是關東軍。

事變的爆發

我接到柳條湖事件的消息，是在一九三一年九月十九日拂曉。被喊起來到客廳去，領事館警察佐久間巡佐立正報告說：「剛才，長春領事館來電話聯絡說，昨天晚上十點鐘左右，張學良軍破壞奉天北方的滿鐵線，因此我軍出動，與張學良軍開始戰鬥。沿線的我軍皆已就戰鬥位置，在長春，我軍正在攻擊中國軍的營房。報告完畢！」。

佐久間的肩膀因爲興奮而震抖著。

我很冷靜地聽取了他的報告。頓時我覺得：關東軍終於幹起來了。與此同時，我決心儘量阻止滿鐵沿線的騷擾波及吉林，並確保一千日僑的安全。

恰好張作相在其故鄉錦州服母喪不在。因此我遂與代理省長熙（洽）參謀長會面，說明情勢的嚴重性，並問吉林省政府的態度如何。熙參謀長已經知道滿鐵沿線的戰鬥。他說，吉林軍完全控制在他手裏，他絕不許吉林軍攻打日軍。吉林的治安和日僑的安全，他絕對負責。我相信他的話。

回到領事館，僑會的幹部們以不安的表情在那裏等著，我告訴他們我和熙參謀長會面的經過，並慰諭他們靜觀待變等候指示。距長春有三個小時鐵路路程的吉林，一有騷擾，便會陷於孤立無援。僑胞的不安不是沒有道理的。

黃昏時刻，省政府軍事顧問大迫（通貞）少校（以後是林中校）來訪。他強調在長春方面被日軍打敗的散兵必會逃到吉林來殺害日本僑胞，所以要總領事的我及早拍電請派救援軍。我告訴他我相信熙參謀長的話，並拒絕說，目前沒有這種必要。

當天晚上，位於通到停車場的大馬路的一家日本人店，被以手鎗攻擊。接到此項消息，我派幾個警察前往現場調查，結果是大迫顧問所養的浪人所幹的勾當，這可能是要先令日本僑胞陷於恐怖之中，然後以便請求日軍出動的謀略。很早以前，大迫公館就有一、兩個壯漢在那裏做食客。他們好像是軍人。

九月二十日，從昨天到今天早晨，由瀋陽和長春的領事館來了許多有關情報的電報。關東軍已把司令部從旅順移到瀋陽，並展開了全面的軍事行動。長春方面的民間情報也傳到僑會，由之僑民開始動搖，僑會的幹部來說，乘吉長鐵路還通的時候，最低限度希望把婦女和小孩移到長春方面。我指示他們說，可以，這由你們的意志去決定，但業主和青年要在此地，各守其工作崗位。另外，我禁止領事館館員和警察移動其家族，這是爲了表示領事館並沒有動搖而所採取的措施。

但僑胞們還是不安，所以與僑會商量結果，決定從當天晚上，把留下來的婦女和小孩收容在領事館，以備不測之禍的發生。惟日僑這種慌忙的動態，反而引起了吉林市民的不安。

我雖然相信熙參謀長的話，但我得確認萬一突發不測事件時，是否能期待日軍的急援。於是我派小森書記生，坐當天早晨的火車到長春。但晚上，小林書記生卻空手而歸。小森報告說，他雖得長春領事館的協助，以與軍方聯絡，惟軍方亂得一塌糊塗，無從聯絡起。

第二師團佔領吉林

九月二十日晚間，安全渡過，從二十一日早晨，吉長鐵路不通了。根據到達吉林車站的專用電話，長春的吉長車站集結許多車輛。這令我覺察：關東軍的來攻已經不遠。

中午過後，一架飛機很大聲地飛來吉林上空。由於這是吉林開闢以來未曾有的大事。因此萬人皆仰頭而看。這是肚邊畫著日本國旗的飛機。好像在找領事館，不久找到後，便丟下東西於領事館內就飛走。即時帶來給我的是通信筒。裏邊的信這樣寫著：

第二師團的主力，以數十輛列車正往吉林進軍中，請再忍耐幾個小時。總領事先生　偵察軍官某某中尉。

我把這封信公開之後，在領事館的日本僑胞們便大聲歡呼起來了。一直害怕的僑胞，從此以後遂強硬起來，有的甚至於帶上日本刀。大有你過來我就宰之概，神氣得要命。

僑民正在歡呼的時候，施履本交涉員和省政府秘書張燕卿來看我。他倆說，如日軍來開火，將陷吉林市民於塗炭之苦，省政府決定絕不抵抗，並嚴格命令省城的吉林軍移動到城外數里之地，因此，我倆代表省城二十萬市民，懇請貴總領事斡旋，請日軍不必開火和平地進駐。爲了跟進軍中的日軍取得聯絡，他們在吉林車站準備有專車。

我當場接受了他倆的懇求。我親自執筆，寫信給第二師團長，強調省政府確具誠意，請其能和平地進駐，並交伶俐的濱村書記生，乘專車由吉林車站出發。張秘書以省府代表身份與之同行。按照時間計算，他們應該會在前兩三站的樺皮廠車站附近與軍用列車碰面。寫給師團長的書信，我自己覺得很有情理，非常達意的文章。

施交涉員留下來跟我在一起，以等候消息。下午五點鐘左右，得悉日軍和平地抵達車站，於是我和施交涉員聯袂到車站。我制止許多正想跟師團長見面的僑民，而在站長室與師團長會面，然後介紹施交涉員，使其表示省府的意向。在站長室外面等得不耐煩的僑民，有人喊叫：「到這時候，總領事還想拍省政府的馬屁。」

多門（二郎）師團長因爲我的書信，和施交涉員的陳情，而瞭解此地整個局勢。

進駐的兵力，畢竟是第二師團的主力，車站用地內，全是車輛和軍人。

經由僑會的安排，軍人分宿於僑胞家裏，師團司令部設於旅館名古屋館。翌晨，到處貼出了關東軍司令官佈告。內容是說，其軍事行動的目的在於「懲罰」張學良政權，和「拯救」東三省的民生於塗炭，日軍對市民不會有所侵犯；領事館和僑民，其行爲要謹慎，對中國人不得有不正當行動。

第二師團以其主力進軍，是爲了消滅吉林軍，惟其所以和平地進駐，完全是省政府賢明的措施所導致；而此次我以能扮演勝海舟的角色（譯註一）。而覺得非常光榮。可是，我的災禍，遂由此而開其端。

槍口的獨立宣言

九月二十二日晚上，熙參謀長來看我。他說日軍要解除吉林軍的武裝。如果日軍直接這樣做，吉林軍之中有可能有會覺得這是一種奇恥大辱而起來反抗，所以要我懇請師團長，由省政府本身來執行。

我遂往訪師團長，傳告熙參謀長的意向，師團長說他希望與熙參謀長直接談，並指定會面時間為翌日下午三時正。

翌日下午三時以前，熙參謀長帶了施交涉員和翻譯官先來看我。我把他們領到名古屋館，由師團副官陪我們到二樓的一個房間。師團長、師團參謀長、及幾個參謀在那裏等著。經我介紹雙方人員後，師團長說，這是軍事上的會談，請外交官離開位子。於是我和施交涉員遂到另外一個房間。

由於會談時間超過所預定的時間很久，因此我去看了看情況，結果是會談房間的門關得緊緊地，走廊有幾個軍官，手上各拿著手鎗站著。我邊覺得其氣氛之奇怪，而回到原來的房間。爾後，好像談好話了，熙參謀長和翻譯官下樓來，匆匆忙忙地乘車回去。我以為一切都談妥了，所以我也就回到領事館。

不久，張秘書帶來了情報。內容是，在今天的會談中，師團長要求熙參謀長即時宣言吉林的獨立。由於參謀們用手鎗威脅說「你要宣言獨立還是要死」，故熙參謀長只有答應。但吉林軍的解除武裝，將由省政府本身來執行。會談中走廊的手鎗，爲我說明了其眞相。

這時，日本政府已經宣佈了不擴大事件的方針，我且接到該遵照這個方針處理事件的訓令。因此，我認爲我不應該默視日軍強制吉林省宣佈獨立。

當天晚上，我往訪了師團長於名古屋館。師團長在日式房間，穿著和服，與師團參謀長上野良丞上校喝酒。

我即時開口說，策動吉林省獨立，是干涉中國的內政，將引起嚴重的國際問題。不管我們如何要花樣守密，我們強制人家的事實，不必經過多久，必爲世人所共知，而必將使日本政府在國際上陷於不利的地位；更必將成爲欲局限事件於滿鐵沿線，儘量早日解決局面的政府方針遭遇失敗的原因。由於職責上的關係，我不得不請您對此項獨立工作加以重新考慮。

多門師團長靜聽我的話以後說，我的說明他可以瞭解，但他沒有重新考慮的餘地，因爲一切都是根據關東軍司令部的命令，重新考慮祇有對軍司令部要求。他要我默認這是他們軍人幹的，跟我毫無關係好不好？我說我的職責不許我這樣做，我們的會談，終於決裂。

詳說局勢的我的電報，當天晚上就到外務省和奉天總領事館。

多門師團長是令人想起卓別林的電影「扛槍」裏頭矮德國軍官般的矮人。自此以後經過許多次會談他給我的印象是，舉止柔軟，富於智略的老練將軍。這位將軍曾以一個排長參加俄日戰爭所寫的「出入於彈雨之中」，是我所愛讀的一本書。由於軍隊所重視的是實際作戰經歷，所以據說他的部下營長們都很推崇他。此後，多門師團長與馬占山軍在嫩江作戰。

九月二十八日，吉林省政府以熙洽爲省長，宣佈由國民政府獨立。這是槍口的獨立，也是東三省獨立的先驅。

第二師團的軍紀

佔領吉林後的第二師團，留下留守部隊，到其他戰場作戰，然後又回來，而其軍紀則非常嚴正。根據長谷部（照俉）旅團長的說法，他們的部隊，祇發生過一件強姦事件，這個士兵雖被附諸軍法審判，結果因爲被害者中國婦女的巧妙口供，而沒有受到處分。第二師團士兵是我故鄉出身的。多門師團長開口閉口讚揚第二師團士兵的純樸素質，而且他們是不懂得社會黑暗面的現役士兵，因此格外忠於軍紀，所以我爲我故鄉士兵而驕傲。

爲了應官兵生理上的需要，雖然帶來了許多朝鮮婦女，但「生意」並不怎麼好。這是由於日本東北的農戶貧窮，他們得把自己薪水寄給家人所致。此外，軍官之中，有在日本料亭拔起軍刀來亂耍的。

我故鄉出身的軍官，常來看我，聽他們的話，得知他們的心願大多在於養老金和勳章：什麼過多少年養老金就會變多少，在此次事變如得金鵄勳章功幾級，養老金便會增加多少等等。這是沒有多大財產的軍官們的「如意算盤」。

不過，階級更高的軍人們的心願似乎也在此。這些人如何地憧憬於論功行賞，可以事變發生後幾個月賞勳局總裁下條康麿訪問吉林時候的情況爲證。那時，師團長、參謀長以下幹部總動員出來舉辦所謂聚餐，大盡款待的能事。我也曾應師團長之邀，列席了此項宴會。我以爲事變中視察東北而到處受過軍方大事款待的人，回國後會圍攻下條，但這時還是軍刀影響不了論功行賞的時代。

軍的反感和僑民的叛離

軍部自始就敵視外務省的駐外機關。我們都被認爲是幣原軟弱外交的黨羽，祇有那些表示不是該黨羽的館長纔得揚名。但我不善於口是心非，一直堅持政府的不擴大方針。由於我對策動吉林省獨立工作提出肺腑之言，我遂爲軍部所討厭；對我奉外務省訓令，誠實地報告了軍部的行動說是我打了小報告；把領事館當然職務沒有與軍部商量所做的事當做對軍部的不合作。

第二師團的主力上北方戰線以後，暫時留守吉林的福原旅團長是體格魁偉的將軍，這個人對我一天到晚採取「我不會放鬆你」的態度。外邊甚至於傳說，日軍將對我領事館砲轟。

軍部對我反感的根源是前述的大迫公館。省政府軍事顧問大迫少校，現在又是關東軍的特務機關長，集對獨立後的吉林省政府的內面領導權於一身，其權力眞不可一世。僑民皆往有權勢者的地方跑。唯獨總領事的我不「拜訪」大迫公館。因此據說，大迫公館對我的反感幾到極點。

有一天晚上，張燕卿秘書悄悄地來看我，徵求我對所謂獨立後吉林省政府在國際法上之性質的意見。我們大約談了一個小時，惟此事爲大迫所得悉，張秘書由之被大迫大訓一頓。大迫對張秘書說：「出入於總領事處的人是我們的敵人」。張秘書秘密地報告我這個經過。省政府把我當做它的人；軍部則把我當做它的敵人。

與第二師團進駐吉林的同時，僑民便叛離我。事變前的總領事，以僑民生命財產的保護者，而爲僑社的中心；如今，吉林省官民既屈服於軍部的威力，總領事的存在對僑民不但不需要，而且靠攏軍部，非難總領事對他們是有利的。眼看迎合強者的民心趨向的我，雖然覺得他們下流，但我並沒有生氣。

「松江日報」社長，同時又是僑會會長的三橋政明，事變前是最常來看我的人，可是自軍部進駐吉林，經由大迫推薦出任省府顧問以後，幾乎絕跡於總領事館。滿鐵公所的濱田所長也是一樣。不過濱田來訪一次，規勸我歸順大迫。我對他說明：凡是軍部進駐的地方，外務機關皆立於苦境，乃是日本的慣例，不足爲奇，並謝絕他的「好意」。

我在吉林任期內，從沒跟大迫商量過任何事，而仍然以交涉員爲對手，與省政府保持聯絡。交涉員施履本，於吉林省獨立後沒多久，因將獨立內幕報告中央政府，而被軍部趕走；其後任是，自天津以後從沒露過面的謝介石。他的身份不是外交部特派員，而是吉林省交涉員。我所認識的這個人，是最能順時勢的名人，可以說是現代的沈惟敬。

軍部進駐吉林以後，我天天過著悶悶不樂的日子。加以總領事太太得送迎軍部，應付慰問等形式上的活動，我覺得這樣內人太可憐，因此於事變頭一年年底，便把家族送回東京。我認爲，由我一個人在吉林受罪就夠了。

但比我覺得更難受的，當是在滿外務機關的總負責人林（久治郎）奉天總領事。必須遵照政府方針，以制止關東軍最上層胡來的職責上的苦衷，每每由其轉來的電文可以窺之而有餘。關於這些，相信他會把它寫出來，所以在這裏我不想多費筆墨。（譯註二）

我的事變觀

發生九一八事變的思想背景，柳條湖以後事變究竟如何演變，中國的激憤，在國際聯盟的非難，美國國務卿史汀生的不承認主義，但記述這些不是我的目的，現在，我所要寫的是，我對九一八事變的看法。

當我接到柳條湖事件的消息時，我就懷疑它的眞實性。因爲張學良和他的軍隊，雖然抗日意識非常之強，但他們卻十分清楚：碰滿鐵線意味著他們的死亡，更何況這是張學良在北京，不在東北所發生的事件。在還沒想到軍部的惡意之前，閃在我腦海裏的是，炸死張作霖事件時已經證明過的軍部的謀略性。當時我的直覺是：「軍部又胡搞了」。

不久，我出差瀋陽，因爲奉天總領事館館員的私下談話，得悉關東軍爲發動事變，曾經如何充分地準備，以及用於柳條湖事件的情況證據之何等荒唐，而確信我直覺的正確無誤。

從此以後，關東軍爲突破政府局部解決的方針，以製造既成的事實，在軍略政略上無所不爲，且爲其行爲的根據者，都是虛構的理由。而集其虛構的大成者，就是所謂基於「三千萬民衆的民意」之滿洲國的獨立。實際上，除了生活於過去的幾個淸朝遺臣外，沒有一個東三省的中國民衆眞正希望獨立的。根本就沒有這種輿論，其所謂的輿論，全是僞裝。

自古以來，盜國者多的是，這不必去翻史書。而盜國者，都要找來些虛構的理由。今日的強國，多是不久以前，盜人家的整個國土或其一部份而成的。因此，沒有理由祇非難日本，但我卻不能承認今日被稱爲強國的這些國家的此種發展過程。我的正義感不容許我把自己國家當做例外。何況今日是國際協調的時代。我既不以幣原外交的使徒自居，也不尊敬國際聯盟，但我堅信，日本應該走國際協調的道路，尤其與鄰邦中國，必須捨棄怨恨而緊緊地團結在一起，這是我的信念。因此，九一八事變是對我信念的當頭棒喝。

自衛戰，確保生命線，解決滿蒙問題，口號是很動聽，但在我心目中，九一八事變是關東軍的兵變。不管政府怎麼說，軍部的中央如何制止，他們要征服東北，建立以他們的自由意志能夠自由運作的國家機構。阻擋他們這種計劃者，就是他們的祖國，他們也絕不客氣。這不是兵變是什麼？

由於這種理由和感情，我詛咒九一八事變，我更不能做軍部的嘍囉。對於軍部消極的抵抗，這是九一八事變期間我一貫的態度。

關東軍對我的彈劾

九一八事變第一年年底，若槻（禮次郎）內閣因爲閣內的不統一而垮台，繼起的是犬養（毅）內閣。爲了會見將出任外相而從法國回來，順便落脚瀋陽的芳澤（謙吉）大使，我出差到瀋陽。這是一九三二年一月間的事情。這時，奉天總領事館人告訴我，關東軍曾向外務省彈劾我。詳而言之，最近，關東軍召開參謀會議，決議：「我們認爲石射吉林總領事沒有與軍方合作的意思，故要求即時調回本國」，並電達外務省。

這時林總領事已經離開了奉天，我也非常厭煩關東軍，很想早日告別東北，因此，對於關東軍的彈劾我雖然感覺不愉快，但卻也認爲是正當其時。本來我想順這個機會，即時向外務省請調，惟覺得如果這樣做，在形式上會變成軍部的彈劾獲得勝利，造成壞例子而作罷。回到吉林後，外務省早有來電訓令我，要我儘量與軍部合作，實在可笑。

我很會忍耐。我記得迨至五月底，我纔向外務省請調。請調電文中，我說：「本官與關東軍不能兩立」，並推薦奉天總領事館的森岡領事繼任我。

溥儀的面目

發生柳條湖事件後不久，吉林省被迫獨立，繼而又有兩個省走上同樣的道路。一九三二年年初，軍事行動已告一個段落，東北完全歸於關東軍之手。在瀋陽，他們曾經討論過怎樣料理東三省，莫如是共和制好呢還是帝制好等問題，結果決定採取帝制，拖出宣統廢帝做其頭目。這是愚蠢的騙局。既然要竊國，乾脆把東北當做屬地不是更徹底。還搞什麼帝制？

天津總領事即時告訴我們，宣統廢帝極機密地被帶出天津的消息。他到達東北以後，到處藏匿，但沒多久，溥儀的存在便變成公開的秘密。據傳，瀋陽的一個外國記者諷刺說，溥儀的就職最好是四月一日的愚人節，但實際就任的是三月九日。不過他不是馬上就的帝位，而是先以「滿洲國」執政的名義，見習了一段時間。

溥儀就任執政的典禮，舉行於鹽務運局。我也列席了。這是由於外務省的命令。所謂日滿主要的軍官民的列席，會場很小，非常簡單，是專科學校畢業典禮程度的儀式。

儀式完了之後，在另一室舉行酒會。在那裏高舉好像是香檳的酒杯，領頭喊溥儀執政萬歲的是被板垣（征四郎）參謀懷柔，從黑龍江拉出來出任軍政部總長的馬占山。他留有泥鰍鬍子，是個臉上暗淡的鄉下佬。

在執政政府，從吉林，熙洽出來做財政部總長，謝介石是外交部總長，張燕卿為實業部總長。

長春改名爲新京。

在就任典禮會場和酒會，我第一次見到高個子蒼臉的溥儀。自來，我對面相和骨相特別有興趣，而以訓練自己觀相眼識自樂。可是，映在我心目中的溥儀，其面相竟是這樣的不幸。不愧其做過中國的皇帝，也確有些高貴的氣質，但他臉上的凶相，卻使我非常驚奇。它是自幼年時代就被趕走帝位以後，爲坎坷的命運所一直玩弄的過去的陰影，和被拉來不知將會樣的滿洲國的不安所交織而成的不幸的相貌。

總之，它給我的印象是，在這個人的相貌之下，「滿洲國」不可能有好的結局，而回到吉林，我對藤村（俊彥）領事談我這種感想時，藤村竟說：「說『滿洲國』，什麼國，在中國硬要樹墻，但對四億民衆實在不可能樹墻。『滿洲國』不過是一時的現象而已」。

藤村是事變途中，我要求外務省，由奉天總領事館調過來的。他在中國各地工作三十年，曉通中國人情的表裏，是具有某種哲學的達人。

執政就職典禮後不久，馬占山回到他的老家黑龍江省，豎起反日的旗幟，而變成民族的英雄。他雖然接受板垣參謀的勸誘而參加了「滿洲國」，惟來了之後，被塞於關東軍所定的框子裡，覺得非常不自由，而再次回到其自由的天地，關東軍像抓兎子一樣，到處追他，但始終沒有抓到。

我對建設「滿洲國」的協力，祇有列席了執政就職典禮這件事。

李頓調查團

負有如老鼠要去給凶貓帶鈴鐺的使命，由國際聯盟派出來的李頓調查團，突破一路上關東軍和「滿洲國」當局的種種藉口，北上奉天和長春，於五月七日上午抵達吉林。我到吉林車站去接他們，並把他們領到總領事官邸。這天的第一個節目是，聽取我關於事變前後吉林情勢的報告。

這一行人剛到總領事館，日方隨員吉田（伊三郎）大使便耳語我說：「不可以說槍口獨立的事」。

在官邸的大廳，我和這一行人開始會談。他們帶的有翻譯，惟因馬哥伊將軍的建議，我們沒有用翻譯會談。

對於這一行人的應答，我遵照事先由外務省來的訓令，用說出來沒關係的事實部份，做了能夠自圓其說的回答。關於槍口獨立事，他們並沒有提。

以李頓爵士為正座，在一行人環視下的我，猶如一個被告，我雖自問於心無愧，但不能說出我所知道的全部事實使我非常難過。主要問者是李頓爵士和馬哥伊將軍。高個兒的李頓爵士是，貴族氣氛十足的人；馬哥伊將軍嚴謹的臉，擁有無可瞞騙的洞察眼光。德國、法國和義大利的三個委員，祇是些配角。

我以為這個會談將是全盤的盤問，結果是一個多小時的普普通通的問答。中國方面的隨員顧維鈞，似身置四面楚歌之中，因此我遂跟他打交道，談了幾句話，表示我並沒有他意。

我跟要去會見熙洽省長的一行人，一起在官邸門前照了紀念相。

跟熙洽的會見，他們獲得了什麼事實我不得而知，但沒多久就明白，他們至少窺悉了槍口獨立的眞相。究竟駝鳥的尾巴是藏不了的。

這一天，省政府爲這一行人舉行了盛大的午餐會。在席上，我和李頓爵士談得很融洽。

當我們談到高爾夫時，李頓爵士這樣回答我：

「在倫敦的時候，到什麼地方去打球？」

「主要的到佛拉克威爾希斯，也去過聶普華士」。

「哦！聶普華士，那裡我有土地。我是那個高爾夫球俱樂部的創辦人之一」。

這是我和李頓爵士値得回憶的會話。

吉林市民對我的感謝

一九三二年七月，我接到調部的命令，後任是奉天總領事館的森岡領事，這是既定的人事。熙洽爲我舉辦歡送會，並贈送我吉林土產的貴重物品，以表示惜別之情。動身前一兩天，行李大多整理完畢時，幾個吉林市民的代表來看我。他們說，這三年來，我對吉林市民曾經有過很大的貢獻。尤其是日軍進駐之際，吉林之所以免於砲火，完全是我的功勞，由省政府聽來這些經過之後，全吉林市民都非常感激，並手比脚畫地說明我如何地說服多門師團長因而從砲火中救了吉林；爲了表示市民的謝意，他們向我呈獻一包像小桌的紀念品，並說這是「乾隆御物」。我深謝市民的厚意，接下紀念品，祝福吉林將來的繁榮與和平。

吉林市民的厚意固然可嘉，但整理好行李後送來這樣的紀念品，的確很傷腦筋。因此，我隨便把它包在棉皮裡寄回東京。

回到東京以後，把它打開一看，竟是非常精緻的彫漆小桌。這是我在任吉林唯一的愉快回憶，所以很愛惜它，惟困戰火而成灰。

別離地球的黑點滿洲

森岡總領事到任後，我於七月某日早上，在許多人歡送聲中離開了吉林。草野書記生陪我到長春。

多情善感的我，對於稍微住慣的地方，我都會覺得依依不捨；可是對於吉林，我卻沒有這種感覺，眞的一點也沒有此種感覺。

在長春一宿後，一瞥事變後的哈爾濱，落脚瀋陽，然後南下大連。

在大連，我獻花於親密朋友富田（己十）的靈前。他得病於長春，在大連療養中，於今年五月間與世長辭。這是幽明相隔的重逢。

溜達大連街道時，我看見了兩三家電影館。其售票口的佈告這樣寫著：「小孩、軍人先生半價」。以前軍人不稱先生，而今日竟升遷爲「先生」了。

富田的遺族，送我搭乘往神戶開的船。我回顧將沉於水平線的大陸而這樣想著：「如果從太陽來看，地球的黑點將是滿洲國」。（譯註三）

（譯註一）勝海舟，原名安芳，德川幕臣，任陸軍總裁時，奉將軍德川慶喜之命，爲避免國內戰爭而奔波，與西鄉隆盛會見，成立協議，不流血開江戶城，救江戶於戰火。

（譯註二）林久治郎的遺稿，於一九七八年四月，由東京原書房，以「滿洲事變與奉天總領事」書名出版。

（譯註三）發生九一八事變當時，石射是日本駐吉林總領事。本文譯自石射著「外交官之一生」一書。

（原載民國七十一年七月號「中華學報」）

九一八事變

林久治郎

本文譯自原書房出版，林久治郎著「滿洲事變與奉天總領事」一書。發生九一八事變當時，作者是奉天總領事。在當日，奉天總領事是日本在滿洲的最高外交負責人。尤其難得的是，他撰寫本文於一九三五年，在他擔任巴西大使的時代。本文一直沒有公開，迨至他去世十三年後的一九五八年才由原書房出版問世。——譯者。

九月十八日晚上，是我鄉友也是滿洲種植果樹之恩人津久居平吉翁去世，在其住宅舉行守靈的日子。津久居在遺囑要求以「清元」（「淨瑠璃」的一派）代替念經，許多朋友前往參加。正在聽著「清元」時，十點半左右，官邸來電話，要我趕緊回去。因爲正在唱「清元」，所以經過大約十分鐘，等它告一個段落以後，我才離開。在駐紮聯隊門前，我被盤問，此時我才接到於北大營附近，中日兩軍發生衝突，正在交戰中的報告。回到官邸時，我才知道總領事館館員和警察署署員全部皆已動員，因此我命令森島（守人）立刻前往特務機關查明事實，根據特務機關的報告，該夜十時半前後，有人炸燬柳條溝（應爲柳條湖——譯者）附近滿鐵線的軌道，此時正在夜間演習的第二獨立守備大隊士兵看到「犯人」，並予以追擊，「犯人」往北大營方向逃亡，而且由高粱田地射擊過來，於是發生戰鬥，目前正向北大營進攻中。我曾透過特務機關，希望即時停止日方的軍事行動，但此時第二十九聯隊也已經出動，並開始向省城進擊，今年春天以來，偷偷裝上的日方營房內的四門二十四公分重砲，從十一點多鐘，也開始向北大營和東門外的機場方面射擊，隆隆砲聲，響於四鄰。日軍的行動，極其快速，使中國軍毫無從事防禦措施的餘地，省長公署自十一點多到次晨開城，一直以電話向我總領事館說明，中國官民無意抵抗，希望日軍停止攻擊，迨至凌晨三時左右，通知說已開城門，表示沒有抵抗的意思。當天晚上，剛好是星期五，奉天俱樂部有舞會，許多外國人在場，發生事變當時，舞會剛開始不久。俱樂部靠近各國領事館，位於商埠的中心，交通的要衝，是觀戰的好地方，但也很危險。各國領事，雖然是晚間，爲其國民之安全，紛紛要求日本總領事館之保護。此時美國總領事麥雅斯回國渡假中，管家領事托瑪斯去了葫蘆島，副領事林吉非常興奮，來我辦公廳好幾次，大鳴不平。

在滿洲的中日關係，很不容易調整，總有衝突的一日。要如何把不可避免的衝突，導向有利於我方，乃是外交機關的重責大任，如果有過錯，良藥會變成毒藥，將爲國家的前途帶來莫大的憂患。滿洲問題有關日本國運的消長，可以說是生命線。要使中日在此地的衝突，在國際上有利地展開，對日本有絕對的必要，我並曾屢次向幣原（喜重郎）外相建議說，需要早日作準備，同時對前輩、同事和一部分軍人也這樣主張，我且努力於阻止軍部的妄動。尤其對於關東軍的幹部，我強調國際關係和得滿洲人人心的重要，以及平時必須做這種準備。

從去年秋天以來，因爲鐵路交涉，在日本國內，對華強硬論逐漸得勢，同年夏天以後，由於萬寶山事件和中村（震太郎）事件等的發生，軍部的活動日漸表面化，居陸軍省、參謀本部要津者，以至地方團隊長，對政治、外交公開發表意見，或以文字作宣傳，違反軍人勅諭中「軍人不得參與政治」的聖旨，無視政府，大有在滿洲有所行動之勢，但優柔寡斷的日本政府當局卻不能予以取締，從而很不幸地導致爆發九一八事變。由於事先有計劃，所以日軍的行動，特別迅速。我雖然曾經傾全力欲予以阻止，但離開弦的箭已經不可能回來了。對於當日白天來奉天特務機關的板垣（征四郎）參謀，我或派遣領事，或以電話，論事理勸其停止軍事行動，但要阻止已經開始行動，在隆隆砲聲中興奮的軍部，談何容易，迨至翌日凌晨，衹有提醒他，應注意日本的軍事行動，在國際法上沒有過失。

在當地，雖然無法阻止軍事行動，但祇要它不是出自日本政府的方針，政府應該能夠阻止它才對。事變一爆發，我便時時刻刻向東京報告情況，對於撫順會議的情形，我很後悔輕視它，沒有正式提出報告，但對事變，我則統統報告政府，請求政府阻止情勢的擴大。

當時北大營有以王以哲爲旅長的第七旅，它既吃驚於日軍突然的襲擊，又可能因爲上司命令不要抵抗，因此被六百名日軍第二獨立守備大隊急追，及至次日拂曉，該營房遂爲日軍所佔領。進攻省城的第二十九聯隊，一路上掃蕩巡警等，於凌晨四時左右，進入城內，黎明前完全予以佔領。在長春，日本軍也攻擊南門外的中國軍營房，惟因一部份頑強抵抗，所以十九日上午經過激烈戰鬥之後，中午前才予平定，此時，日軍死傷一百幾十名官兵。

事變爆發後，滿鐵以需要修復被炸燬之軌道，立刻派工程師到現場，但未得軍部同意，到第二天早晨六時，才得到其許可。它雖然是事變爆發的地點，但離開北大營很遠，並不危險，滿鐵要調查被破壞的地方，以及要予以修復是理所當然的事，可是要到六時左右才同意，當然引起有關人士的懷疑。

駐紮遼陽的第二師團司令部，於十九日凌晨到達奉天；本庄（關東軍）司令官率其幕僚也於上午十一時從旅順抵達。我於中午，往訪在火車站的（本庄）司令官，同車前往暫設關東軍司令部的東拓分公司，坦誠交換意見。本庄司令官一再強調柳條湖附近滿鐵線軌道被炸燬是中國方面有計劃的行動，和中國軍的頑強抵抗，並以那溫和而快的口氣辯解說，日軍是受到突襲，並非有計劃的行爲。我說，現在已經不可能回到事變以前，不過爲顧慮到國際關係，不要擴大情勢，儘快把它結束，同時提起有關撫順會議，告訴他外間可能忖度其種種。

本庄將軍到任不過十四天而已。根據軍部的傳統，這種計劃全部是幕僚的工作，其一切準備，司令官大多不知道。但大致的氣氛，當然他知道，至於具體的計劃如何，我相信他不一定清楚。根據日後的調查，事實是九月十八日下午一時，參謀本部第二部長建川（美次）少將乘安奉線快車，穿便服進入奉天，躲進某酒樓（「菊文」料亭——譯者），在那裡指揮幹的。建川少將於一九二九年四月，由北京公使館武官調任第二部長，經過奉天之際，我曾對他說明軍部陰謀之非，並勸戒他說，除非出於各機關之一致，很難獲得成功，他在參謀本部執青年軍官之牛耳，終於斷然實行此次的大事。他看起來是陰陰的，但卻膽子很大，與關東軍參謀石原（莞爾）中校，爲此次事變的中心人物。

日軍根據其所準備的非常時計劃，於十九日佔領了長春、營口等其他滿鐵沿線的主要地點，迨至晚間，駐進朝鮮第二十師團的一部份，集中於鴨綠江對岸的新義州附近，完成了即時進入滿洲的準備。

二十日，第二師團把第二十九聯隊留在奉天，其他全部開進長春，多門（二郎）師團長也於該日黃昏時刻抵達長春，爲著次日早晨要前進吉林，滿鐵工作人員準備好了吉長線的開動。

當時在滿洲的日本常備軍，除第二師團的五千至六千之外，祗有獨立守備六個大隊的大約五千人，如果要對吉林採取軍事行動，兵力不夠，因此，似計劃要求駐紮朝鮮軍（司令官是林銑十郎）的一部份前來支援。

要令關東軍出動到滿鐵沿線以外，或派朝鮮軍到滿洲，在平時，並不屬於軍司令官的權限，必須奉勅令始得爲。當時，現地軍部既無視政府的意向肇事，更有負違勅的責任之勢。由於我不希望把事變擴大到滿鐵沿線以外，所以立即具報政府，力陳除非採取斷然措施，局勢將延及吉林，朝鮮軍將揷足滿洲。據說，從十九日上午九時起，舉行了臨時內閣會議，討論善後，原則上決定不擴大情勢，惟因首相和外相等閣僚，似未把握發生事變的重點，而未能與陸相共同採取任何有效的措施。

開往吉林的臨時列車，於二十日晚上編組完成，隨時可以出發，但當夜沒有下達命令。迨至二十一日黎明，本庄司令官才下命令，上午十時左右，出發長春，在多門師團長指揮下，第十六旅團於同日下午三時許，到達吉林。代理張作相的參謀長熙洽，不僅沒有抵抗，而且來到中途迎接，與多門中將聯袂前往名古屋館，和平地決定了解除吉林軍的武裝，解散舊政府和組織新政府等，在吉林沒有干戈相見。

關於日軍之插足吉林，本庄司令官非常愼重，對於幕僚的建言，沒有即刻同意，從二十日下午八時前後，幕僚們長時間向他積極建議，據說及至凌晨大約三時，才答允。

十九日，集中在新義州的第三十九旅團，計劃開進吉林的同時進入滿洲，惟可能因爲中央有指示，二十日仍未能越過鴨綠江，司令部幕僚等以受到外務機關的妨礙而非常憤慨，但終於二十一日渡江，半夜到達奉天。

無需說，這是無視政府，明知當地外交機關反對的行動，所以司令官的內心暫且不談，軍方對總領事館並沒有任何照會和聯絡。他們認爲，總領事在妨礙他們的行動，因此很警戒總領事館的動靜。而從大局來說，縱令日本的軍事行動將爲日本帶來不利，但既然發生，自不能忽視。設法使它不更惡化，如何予以善後處理，如果可能，將來謀求有利的解決，乃是外交官的義務。所以，當地外交機關應該及時報告政府以眞情，供其採取恰合時機的措施，同時儘量與軍方聯絡，努力於減少國際上的過失。當時，政府雖然吃驚於事變的突然發生，但也確曾努力於不擴大情勢。從幣原外相的思想，以及南（次郎）陸相的人格來說，我相信他們一定爲局限事變盡了誠意，惟因政府的優柔寡斷，什麼也沒作成。

軍部的妄動可能爲國家前途帶來重大災禍，在第一次世界大戰期間，我工作於山東時就很痛感，覺得非政府當局下非常的決心，不可能予以矯正，一九一九年凡爾賽媾和會議時，中日問題迭起，對於日本政府的方針、態度，一般民衆和青年外交官都不滿，於是在外務省成立了革新同志會的組織。當時，我曾對同事強調：重要的不是革新制度，而是革新思想和確立精神；在對外強硬之前，對內要顯示外務省的存在，樹立自己的主義方針，要有斷然排除這種障礙的決心。以往中日關係之所以不順利，是因爲所謂雙層外交的結果，以及外務省消極，被積極的軍部無視和蹂躪所導致。因此，要革新日本外交，首先應該發揚外交官精神，自主積極；修改制度不過是爲其必要的手段而已，可惜，當時多數的同事都不能瞭解。爾後中日關係，日趨複雜和困難，外交機關的責任，日益重大，但前面所述情況，一點也沒改善。陸軍在中國各要地設立特務機關，令陸軍大學畢業，雄心勃勃的有爲青年軍官前往工作，尤其在重要地點，駐紮優秀人員，令其從事軍事、政治、經濟方面的研究。

這些駐紮人員的工作和訓練，皆由參謀本部親自負責，有事之日，即以此爲實行機關，平時收集情報，給以各種命題，令其研究並提出心得。他們特別重視政情報告和建議，對於怎樣做才對日本有利，以及如何利用那一個中國人等等，每年要提出意見，中央對此亦孜孜做其研究。

有特務機關的地方，大多設有領事，派有外務省的工作人員，但其人選，與陸軍者大異其趣。他們派的都是陸軍省最優秀的人材，反此，外務省出去的多是普普通通養成的中國語文出身者。外交官考試及格成績好的，多往歐美跑，在中國勤務者算是不得志的人，外務省對這些人，似毫不關心。

而且，陸軍有很多經費，但外務省卻祇有法定的薪水。以這樣的機構和人選，要我們發揮正當外交，抑制軍部的橫暴，簡直是緣木求魚，甚至於是不是擁有抑制軍部，矯正雙層外交的觀念都大有問題。

在這種情況之下，發生了此次事變，因此政府便束手無策。在滿洲各地的各領事，因為軍事行動的結果，自然失去其機能，更由於軍部對外交機關的反感，各地同事都陷於非常的苦境。我要同事們，隱忍自重，避免與軍方衝突，報告事變眞相；與此同時，對政府，它雖然優柔寡斷，我一再地建議它統制國家機關的一部份採取無視政府的行動，否則應該辭職，可惜日本政界無人，在爆發事變之前，失去妥善處理的機會，而使其成為日本史上空前不得了的大事。

當時，外務省幾乎不知所措，十九日，令亞細亞局第一課長守島（伍郎）書記官前往滿洲。二十二日，守島書記官到達，我以為他負有什麼重大使命，結果什麼也沒有，說是祇叫他來看看而已。在這重大時機，令亞細亞局活動的中心課長，沒有任何使命，漫然出差，固然令人懷疑其上司的常識，而由此，亦當可窺悉政府如何頭大。我以其既然來，本很想要他留在這裡工作，但重要的還是要顯示中央政府的存在，實現日本政府機關的統制。換句話說，恢復已經亂了的，以統制爲金科玉律之光榮的日軍的統制。這是日本空前的大緊急件，是刻不容緩的問題。政府當局，必須立刻弄清楚它的責任。因此，我要他趕緊回去轉告外相以我這些意見，感性很強的他，沉痛之餘，幾幾無言，同意我的說法，翌日赴大連晉見內田（康哉）伯爵，第三天，搭機回國。

中國方面，當然沒有抵抗能力。他們乃出於以夷制夷之策遂對正在開會中的國際聯盟理事會，於二十一日，根據聯盟盟約第十一條，訴請理事會處理事件，時時刻刻往日內瓦送情報。由於這是突發事件，和日本政府未能統制國內機關所引起的事件，所以首先需要完成內部的統制，同時缺欠現地軍部與中央軍部完全的一致，因而不能採取正確的措施。故理事會開始處理本案時，日方的態度便不夠澈底，誠非偶然。

日本政府，自始就沒有擴大情勢的意思，它希望盡量和平解決，閣議能這樣決議，對國際聯盟、美國和一般也都作了這種聲明。可是，軍事行動迅速地擴大，滿鐵沿線自不必說，更進入吉林和鄭家屯，迨至二十四日，大有出動哈爾濱之勢。事實上，滿鐵爲著應付中東鐵路被強制運行長春之需，曾令許多列車工作人員待命，完成隨時可以出發的準備；而第二師團，在吉林的行動告一段落後，大部份已回長春，準備再出動。惟此時的出動哈爾濱，因爲日本政府的嚴命而沒有實現，但軍部幕僚中，卻有人以為這又是當地外務機關的「作怪」而憤慨。

於在國際聯盟理事會折衝和對美交涉的同時。日本政府亦極力牽制軍部，及至九月下旬，移動性把出動洮南和通遼的軍隊也回到鄭家屯，情勢似有上軌道的樣子。於是在國際聯盟理事會，日本政府遂聲明不擴大事變，九月三十日，理事會表決九項決議時，也沒有正面反對，對於日軍撤退到附屬地雖然不反對，但卻採取了除非實現保障日本僑民生命財產的安全，將不撤退的態度。

附錄：林總領事有關柳條湖事件的報告

一九三一年　一二六七二　暗奉天十九日前發

本省九月十九日前到

林總領事

幣原外務大臣

第六二四號

關於去電第六二三號

中國方面數次要求圓滿處理事件，本官曾以電話對板垣參謀說，中日兩國不但未正式進入戰爭狀態，而且中國方面聲明將完全出於無抵抗主義，故此時應努力於不作不必要之擴大事件，並希望透過外交機關處理事件，但該參謀答以它有關國家及軍之威信，自當努力於保護外僑，惟中國軍攻擊日軍，故軍之方針爲將澈底予以反擊，似不同意，故本官對其一再上述所說，以提醒其注意。
一九三一年　一二六六〇　暗　奉天　十九日前發
本省九月十九日前到
林總領事
幣原外務大臣
第六二五號（最急極密）
關於去電第六一八號
綜合各方面情報，軍之方針以要在滿鐵沿線各地一帶積極開始行動，故本官正在努力於透過在大連之內田總裁喚起軍司令官之注意，希望政府盡速採取阻止軍之行動之適當措施。
一九三一年　一二六六三　暗　奉天　十九日前發
本省九月十九日前到
林總領事
幣原外務大臣
第六三〇號（最急極密）
據報參謀本部建川部長乘十八日下午一時之列車抵達此地。軍方雖守口如瓶，但可能爲事實。又據滿鐵木村理事密報，滿鐵爲整修說是被中國人破壞之鐵路部份派遣保線工人前往，但被軍方拒絕接近現場。故此次事件，可能完全出自軍部有計劃之行動。

（譯自外務省編「日本外交年表及主要文書」下冊）

（原載一九八八年九月十八日「台灣新生報」）

從天津看九一八事變

田尻愛義

一九三〇年春天，外務次官吉田茂（譯註一）突然要我到天津去工作。吉田在年輕時代，曾經受過大前輩林權助（譯註二）的照顧，惟擔任天津總領事的林權助女婿風評很不好。大概為了報答其舊恩，吉田纔令我去幫林權助的女婿。他（譯註三）是在倫敦大使館為大家所討厭的人。所以我覺得很倒霉，將在這種館長手下工作。惟吉田很誠懇地跟我商量，因此我不能不答應。

可是，我抵達天津不到十天，總領事便奉調回國，爾後由我代理館務一年多。天津距離北平火車三個小時，依白河通海洋，乃是以英、法、日各租界為中心而繁榮的貿易港口。惟因常常疏浚白河，所以海洋船隻全靠租界的碼頭。加以宣統廢帝棲身日本租界，自清朝時代就有許多政客軍人起居天津，以至國民政府時代，故其政治氣氛甚或高於北平。

一九三〇年，以閻錫山為首，馮玉祥、汪精衛等反蔣介石時，張學良擁護蔣氏，因而京津地區又成為奉派的地盤。這時，天津市長是張學良的胞弟張學銘。張學良以北戴河為新的根據地，策畫俾能與日本勢力抗衡以經營滿洲，但還沒獲得國民政府支持其與關東軍從事正面的作戰。因為蔣氏企求調整對日外交，希望早日解決共產黨軍的問題。後來，閻錫山的反蔣勢力江河日下，閻錫山和汪精衛相繼逃亡日本租界。我因閻錫山使者的請求，曾前往閻錫山隱寓去看他。閻錫山化粧成了農夫，竟把為人們所熟悉的八字鬍剃掉，而令我大吃一驚。

那年年底，張學良經由天津前去南京，此時我接到外務省要我跟在其旅途上之張學良會談的快電。當時的上海和南京，因為代理公使重光葵（譯註四）的努力，日本與國民政府的關係，日有改善。一九二九年秋季，佐分利（譯註五）繼芳澤（譯註六）之後出任駐華公使，惟因忽然死亡，因此日方遂請國民政府同意日本改派小幡酉吉（譯註七）。國民政府以小幡為要求二十一條當時的日本駐北京大使館參事官，而予以拒絕，因之一直由上海總領事兼大使館參事官的重光代理。

我知道以上的來龍去脈，但外務省給我的訓令，竟是重提一年前的老問題，要我說服張學良向蔣氏推介小幡為駐華公使。張學良是被日本人炸死之張作霖的兒子，更非蔣氏的直系親信，而且在旅途之中，我又跟他不熟。我雖然透過張學銘，勉強跟張學良面談，但他卻目瞪口呆；更談不上承諾。我始終無法了解，日本外交當局為什麼要張學良扮演這種角色？我一直認為，張學良的價值在於利用其解決滿洲的各種懸案，所以這個訓令眞是不可思議，莫明其妙。

閻錫山等反蔣勢力，曾任命英國人辛布遜為天津海關的稅關長，記得是那年八月初，辛布遜到法國租界去接收中國海關，並通告領事國。這是對於在華盛頓會議有關國家所作約定的挑戰。對這個問題應該提出異議的當是海關所在地的法國租界，但法國租界卻不聞不問。由此最受影響的是，船隻出入最多的日本。不向海關辦手續的話，既不能出入港口，更無從裝卸貨物，加以是夏天，好些貨物很容易腐爛，所以不可能置之不理。於是，我指示日本的業者向新海關辦理手續。

與此同時，我歷訪有關國家的總領事館，請他們能夠採取同一步調，但各國領事卻都認為違法接收海關的法律問題，應由外交團去處理，現地的領事，唯有向新稅關長去辦理海關手續。他們更認為，閻錫山的勢力已衰，辛布遜在位不會太久，因此從容不迫。而日後的時局，也確那樣演變，並且辛布遜在英國租界的居宅被人家槍殺，這個問題遂迎刃而解。

我一向認為，海關制度必須統一，尤其是日本於前一年正式承認國民政府，所以更不可以有妨害其統一的行動。當然，其不統一，是中國的內政問題，外國並沒有責任，不過外國要維護其貿易上的利益是理所當然的，這並不意味著干涉內政。

為這件事，與東京聯絡之前，我曾先跟駐紮天津的陸軍接觸。根據一九〇〇年庚子事變議定書，日本在租界的一隅海光寺設有兵營，司令官為將官。為避免天津軍的任何干與，我對他們說明，縱令有些稅收，也挽回不了北方政局，在地方上更不會引起糾紛，因此我請陸軍能慎重。

另外一件重要事是，試探法國總領事的態度。我問他，他默認法國租界內非法接收海關和運作的論據，他說做為現地的負責人，維持治安是他的第一要務。他並說，就是把新稅關長趕走了，他們如果在另外一個地方設立海關，這祇有增加業者的麻煩，何況同僚諸君又不抗議，法律、外交事務則由本國政府去處理。惟因爾後的情況既沒有太大的進展就告一個段落，因此也就沒有再去弄清楚法國政府的態度。可是，這種法國的態度，和與法國租界內海關的非法運作相安無事之外國的態度卻創立了一個新例子。這就是在日後九一八事變的進行過程中，「滿洲國」把它當作接收位於日本的租借地關東州內大連之中國海關的先例。這是非常意外的事。

在上海獲悉發生海關問題的重光公使，遂來電報說，與艦隊司令官協商結果，決定遣派兩條驅逐艦到天津來。而重光之所以這樣做，一方面是對國民政府示威日本尊重海關制度，二方面是爲牽制天津軍，但爲了避免引起天津軍的疑惑，我很客氣地謝絕了他的好意。

一九三一年，我在天津迎接了九一八事變。自從四年前的東方會議以後，軍政各方面的態度都很強硬，張學良也很熱衷於收回國權。我認爲，九一八事變，如果使用戰後用語的話，可以說是「閉鎖的」民族主義之間的衝突。

在九一八以前，曾經有過這樣的情報。即於北方敗退的汪精衛，在廣東成立反蔣政權，陳友仁出任「外交部長」。可能是須磨彌吉郎總領事的策動，陳友仁於七月間往訪幣原外相，並提議在中國本土中日如能攜手合作，中國以保留宗主權爲條件，願意把滿洲交給日本去開發。(譯註八)但重光對這項建議並沒有採取行動。日後我得知它的理由是，重光在他自己的構想之下，計畫與財政部長宋子文同往滿洲視察，以謀求其根本的解決，並買好了船票，惟因預定出發的九月十八日發生事變而作罷。

要之，如上所述，外交界雖也曾作過努力，但在未能爭取時效這一點，外交界還是有其責任。我認爲，九一八事變既然爆發，政府與軍部自不應互相推諉責任，而該同心協力，尋求和平的解決。我們理應站在此種觀點，以重新評估跟中國民族主義的關係。天津係在奉軍勢力之下。這時，我彷彿想起日本海軍將士幸災樂禍南京事件時英美轟擊的場面。軍人不分海陸，捨打仗不能建功。爲覓求天津的安寧，我即時往訪香椎浩平司令官於海光寺，與之協商。但沒多久，天津軍來了增援部隊，重礮也到了。

十一月八日，天津日本租界發生鎗聲，並實施戒嚴。詳而言之，九一八後不久，關東軍參謀土肥原（譯註九）上校曾帶幾個中國浪人，偷偷抵達天津。目的是要把溥儀帶出，以便令其充當「滿洲國皇帝」。但外務省卻幾乎天天來電報訓令：不可以胡言滿洲國，皇帝云云乃是落伍思想，應當阻止關東軍挾出溥儀等等。

就此，我回電說：政府如果眞的這樣想，應該由外務省和陸軍去解決這個問題纔對。在東京談不妥的事，要我在天津制止關東軍參謀更辦不到。我以爲，在滿洲行帝制並非倒行逆施。縱令外務省作這樣的想法，但在國際政治上帝制對滿洲的將來或許最好也說不定。時至今日，我們責備關東軍發動九一八事變是無濟於事的。我們應該趕緊設法收拾事變，而帝制不失爲一個方法，因此我們不應該一味地說它是倒行逆施。從英國人莊士敦學過帝王學的溥儀，自幼就有其理想，我們不能壓制高興認爲時機已經到來的溥儀的意志。我一再地回電說，要我執行訓令，不如在東京談妥這件事。

到後來，外務省更訓令我以現有實力阻止軍方挾走溥儀，但我卻祇有二十個領事館警察，誰敢保證海光寺的陸軍不會蠢動？這些電報眞是沒道理，而我所希望的是以溥儀將出馬爲前提來收拾九一八事變。我曾跟溥儀面談，他說復辟是他多年來的素願，他受過王者的教育，土肥原又跟他說過許多好話。我告訴溥儀：有人認爲行帝制是倒行逆施，九一八事變的將來如何不可逆料，滿洲國皇帝的前途怎樣無法判斷，但他卻堅決答說：他願意百分之百地負自己的責任，他要開拓他自己的命運。

因此，我便對土肥原大要這樣說：事變既已發生，自應宣明其正當立場和理由，否則對蘇關係可能惡化，跟國民政府的友好也將成爲大問題；帝制未必是最上策，但仍不失爲一個收拾方策；出廬既然是溥儀的意思，我就不阻礙關東軍帶他離津；我們的意見，雖然有所不同，但絕不能讓局外者窺悉我們在明爭暗鬥；如果軍方再三考慮結果，認爲還是要這樣做，好，那就請「手下留情」地去行事；但軍方對滿洲國和溥儀的將來得負其責任；而最重要的是，從此以後，要把滿洲國和中國本土的關係切斷；關東軍應該專心一意去經營滿洲，不要再跟外交當局鬧事；我要再重複一遍，滿洲國和中國本土應當建立兩個獨立國家間的關係。土肥原同意了我以上的見解。與此同時，我也對香椎司令官私下這樣說過，因爲吉岡情報參謀常常出入於溥儀公館。

祇要溥儀熱衷於當皇帝一天，關東軍和溥儀的親信必將隔著萬里長城互相策動一天。若是，日本租界和京津一帶不但得不到和平，甚至於很可能發生難於逆料的事件。不管被說成是支持不識時務，還是受責難諂媚關東軍，我們不能否認九一八事變這樁事實。我們應該懂得這是因爲軍部和政府對中國民族主義認識不清所導致，因此外務省自當挺身而出，全力使日本民族主義的騎虎之勢不往關內衝進，這是日本外交當務之急，也是對國民政府外交的目標。

由於以上所述我的見解，我違背東京的訓令，同意關東軍帶走溥儀，但我並沒有忘記要尊重中國的民族主義。我有我的邏輯。如果有人責備我附和了關東軍，從結果來看，確是如此。

但無論如何天津軍還是存在的。惟九一八事變與天津軍沒有直接關係，所以他們沒動，他們更不能以要帶出溥儀爲理由公開動兵。但如果爲維持天津地區的治安和交通，根據庚子事變議定書採取軍事行動的話，是否能夠得到國際輿論的肯定我不敢說，但至少是可以自圓其說的。而如果乘這機會令其帶出溥儀，則對於支援軍的目的—滿洲的建國有功績。

他們這種謀略實行於十一月八日晚上。日本租界旁邊有個名叫「三不管」之中國警察不大去的貧民區。他們從這一帶及其郊外動員了一批中國流浪者，並令其向日本租界的方向開槍。於是他們遂以中國「暴徒」擾亂天津的治安和襲擊租界爲藉口，於晚間天津軍甚至使用新裝備的重礮開著「防衛」的礮，而且連續了三天。

天津軍在日本租界實施戒嚴，其合法性實不無疑問。因爲在租界外面，外國領事和日本居民都沒看到中國「暴徒」的影子。但中國當局不知其眞相，且深怕天津軍衝出租界外邊，因而在路上趕緊架設土袋陣地，不知不覺間由於日本租界，而形成了中日兩軍對峙的態勢。惟因外國人對於深夜開礮提出抗議，日軍終於自動罷手。翌年，對於路過天津的李頓調查團，我們把這件事當作中國當局非法行爲的一個例子向它提出了報告書，但我覺得世上沒有再比這個說明昧者良心瞎址。

這個情勢製造於新任總領事桑島主計到差四、五天以後。因此深更半夜，被請到司令官官邸，並被面告說，總領事以下租界內的居民統統將被置於戒嚴令下的桑島，實在是倒霉，但對外又不能誹謗天津軍。不過桑島卻毫不介意，並很快地去努力於收拾局面。中日兩軍撤除陣地時我也去現場，由於聯絡不周，我被三個十五、六歲的奉天省兵用自動步槍按在腹部談判，現在回想起來眞不是滋味。

溥儀於謀略的第一天晚上就被帶出去了。（譯註一〇）至於土肥原與天津軍的關係，永遠是個謎，不過這項工作，十幾天前就已經在準備了。對於溥儀，經常有一個警察在保護他，此外還有兩部雜用的車子，後車廂放著一個木箱，用以每天買東西，因而遂不爲警察所注意。而當天晚上的溥儀，就是躲在這個箱子裏頭混出去的，爲這樁事，這個警察幾乎發了瘋。

溥儀被帶到租界內的日本料亭，在那裏換上西服（譯註一一），搭乘陸軍的內火艇，下白河，在太沽換乘海洋輪船，前往大連（譯註一二）。這家料亭敷島的客廳欄杆的平板扁額刻著「龍跳天門」四個字。當上皇帝的溥儀，後來想要這個扁額，但敷島的老板娘沒答應。日本戰敗當時，溥儀未能到日本，而爲蘇俄俘虜。這個扁額不知道到那裏去了？一九三三年，我與溥儀重逢時，他私下對我說，他沒事可做，外出又怕給人家添麻煩，所以不出去；他很想念天津時代的自由生活。我安慰他，做皇帝是很無聊的；他笑著回答，田尻領事是什麼時候學了帝王學的？（譯註一三）

【譯註一】吉田茂（一八七八—一九六七），出生於東京，東京大學畢業。曾任奉天總領事、外務次官、駐英大使、首相等職，對戰後日本的民主政治有貢獻。

【譯註二】林權助（一八六〇—一九三九），福島縣人，曾任上海領事、駐義大利、中國公使，駐英大使。

【譯註三】根據「日本外交史辭典」的記載，這個人是岡本武三。

【譯註四】重光葵（一八八七—一九五七），大分縣人，東京大學畢業。曾任上海總領事、駐華公使、外務次官、駐蘇、駐英大使、外相。一九四五年九月二日，於密蘇里艦上代表日本政府在聯合國投降文書上簽字的就是他。又一九三二年四月二十九日，在上海參加日皇生日紀念式時，被韓國人尹奉吉投擲炸彈，受重傷，割掉右大腿。

【譯註五】佐分利貞男（一八七九—一九二九），東京大學畢業。曾任外務省通商局長、條約局長、駐華公使，於十一月二十九日在箱根自殺（也有他殺的可能性）。

【譯註六】芳譯謙吉（一八七四—一九六五），新瀉縣人，東京大學畢業，曾任首相之犬養毅的女婿。曾任駐北京公使館參事、公使、駐法大使、外相、戰後首任駐華大使。

【譯註七】小幡酉吉（一八七三—一九四七），石川縣人，東京大學畢業。曾任天津總領事、駐華代理公使、駐土耳其大使和貴族院議員。

【譯註八】林正義編「不爲人們所知悉的昭和史」一書裏頭，須磨彌吉郎口述「在華十一年外交秘話」，和幣原喜重郎的「外交五十年」都曾經提到這一點。

【譯註九】土肥原賢二（一八八三—一九四八），岡山縣人，陸軍大學畢業，陸軍上將。侵略中國最重要的人物之一，國人稱之爲土匪原，（土肥原和土匪原，在日語是同音）；戰後被遠東國際軍事法庭判處死刑，並於一九四九年十二月二十三日執行。

【譯註一〇】據「溥儀自傳」，他被帶出是「天津騷擾事件的第三天」。見臺北大申書局翻印「溥儀自傳」二七二頁；日文版溥儀自傳「我的半生」上冊二六八頁。

【譯註一一】「溥儀自傳」說是「一件日本軍大衣和軍帽」，前書二七三頁。

【譯註一二】溥儀一行去的不是大連，而是營口。前書二七五頁。

【譯註一三】作者田尻愛義（一八九六—一九七五），島根縣人，東京高等商業學校附設商業教員養成所畢業。曾任香港總領事、駐華大使館參事官、外務省政務局長。發生九一八事變當時，他是駐天津總領事館領事。

（原載民國七十三年二月號「世界華學季刊」）

西園寺與九一八事變

原田熊雄

一

九月十九日早晨，閱讀報紙上有關奉天郊外炸毀鐵路事件的報導時，我直覺地感覺到他們終於幹起來了。因爲，五天前（十四日），亦即陸軍大臣從御殿場（地名）回到東京那一天，即令建川（美次）少將攜帶其親筆函往訪關東軍司令官。其內容爲，十一日，日皇曾召見陸軍大臣，對他就軍紀有所提示，尤其對於在滿蒙之軍隊的行動，要特別慎重，因此，陸相便寫信給關東軍司令官，以轉達「聖旨」，同時要其中止陸軍在滿蒙的種種策動。據聞，當時爲陸相之商量對象的小磯（國昭）軍務局長，曾對陸相答說這個使者實非建川莫屬，這可能是由於當日各種策動的幕後人是建川和軍務局長所致。

由於這種原因，所以我認爲，在表面上說是非建川不能說服靑年軍官，而實際上則想以建川去實現當時陸軍一切策動中心之二宮（治重）、小磯、建川等人的抱負，也就是說，軍務局長表面上以非建川無法抑制少壯軍官，肚子裏却欲以建川來達成他們的目的，因而纔建議陸軍大臣以建川爲使者。

九一八事變爆發於建川攜帶陸相親筆信抵達奉天的當天晚上，而他們的意圖，似是要在關東軍司令官還沒看該項信件之前實行他們的計劃。因為，十四日陸軍最高幹部（所謂軍事參議官）會議，起初的意見非常強硬，但自陸相轉達天皇的意思以後，便一百八十度地轉變，說是要防患今日陸軍的策動於未然，結果為陸相給關東軍司令官寫親筆函。

因此，首相於十九日的內閣會議對陸相說：

「原因真的是中國兵破壞了鐵路，並對為防衛它的守備兵予以攻擊纔發生的，亦即正當防衛嗎？反此，如果是日軍的陰謀，我國在世界的立場將如何？對於這樣不幸的變故，我覺得非常遺憾，但如果是偶然發生的，那就沒辦法。我們應該努力於不要擴大它。我們應當即時訓令關東軍司令官不要擴大這個事件；不要砲擊佔領官廳和城廓等……。」

但這時，卻陸續傳來了關東軍已經佔領了奉天，日軍已經控制了（奉天）全市的報告。

若槻首相對陸相要其注意能維持國際上面目，同時問海相說：「如感覺中國其他地區的日人危險時，海軍應予保護，這方面的準備沒問題嗎？」海相答說：「在佐世保，在三個地方各準備有五百人，亦即一共一千五百人」。

對於天皇，同日上午，陸相立刻上奏了「事實」；首相於下午進皇宮奏說：「對於不幸事件，不堪恐懼，但事實是如陸軍大臣所報告。臣決定與閣僚商量，不擴大這個事件，俾能早日結束」，並曾與內大臣和侍從長會面。

這時，據傳，內大臣很耽心說是中國方面挑撥的是否事實，破壞鐵路的原因和動機是什麼。我到外務省時，曾看到美國駐奉天領事（John C. Vincent）抗議日軍向美國人俱樂部打了機關鎗的電報，而且出席泛太平洋會議的代表們也正在奉天，所以我覺得事情可能非常麻煩。

當天黃昏時刻，首相來電話，要我馬上去。飯後我前往首相官邸，首相好像很窘，他一開口便對我說「外務省和陸軍省的報告，都不到他手裏」，「不過已經要川崎書記官長予以注意」。同時又說：

「爲了要儘量不擴大這個事件，我非常用心，但軍事當局卻似實行了保障佔領。其實，所謂保障佔領，應該由政府來決定，不能由軍事當局亂用其權。我以中國在滿蒙的兵力有二十萬以上，日軍祇有一萬多，而問陸軍大臣說：『以現在的兵力而太旁若無人地行動，萬一發生事情時怎麼辦？』他答說：『要從朝鮮出兵』，『好像已經出兵了』，我責問他：『沒有政府的命令，怎麼可以隨便出兵？』他說：『田中內閣時，未蒙獲准也出過兵』，似以爲這不會發生問題。陸軍大臣的答覆是，事實上已出兵到鴨綠江附近，並令其停止在那裏，不過一部份已經渡過江的，那就沒辦法。局勢如此，我實在無法控制軍部。陛下的軍隊，竟未核可就出動，眞是荒謬絕倫，我應該怎麼辦呢？我或許不該對你說這些話，也沒意思要你轉告元老（西園寺——譯者），或要你做什麼，不過很是糟糕。」

在傾聽首相話的過程中，我覺得有提醒親信的必要，因此對首相說：「關於沒陛下的批准就出兵一事，我將轉告侍從長等人」，然後告辭。

由於我約了客人來我家裏，所以回家後即時給宮內大臣掛電話問：「我想請侍從長和木戶（幸一內大臣）到您官邸，從八點半我們四個人來談談好不好」，他說「沒問題」，因而遂跟侍從長和木戶通電話，請他倆來宮內大臣官邸。

在這個席上，侍從長和宮內大臣好像很不以爲然「首相太依靠外力」，因此我便說：

「首相並沒有要我把這事轉告您們，這是我自動奉告各位目前的情形這樣困窘著首相。而正如首相所說，沒獲准就出動軍隊，可謂一種軍事政變，眞是太不應該，所以纔告訴您們作參考。」侍從長也很生氣說：「不管有沒有田中內閣的前例，沒批准就出動軍隊，實在萬不該。」

這時，我們也談到是否要請天皇召見兩個政黨的總裁，予以注意的問題。侍從長和木戶似認爲，「如果召開臨時內閣會議，熱心討論，應該能夠壓住軍部纔對，要緊的是團結閣僚」。我也完全同意，並覺得應當努力於這一點，而於十一時前後離去。

翌晨，我往訪井上（準之助）大藏大臣，告訴他首相實在束手無策，此時很需要閣僚的鼓勵，而他最爲適當，他答說：「我很願意效勞，這是應該的」。

我也去看了外務大臣，告訴了他同樣的話，他有同感，但他很不滿意政黨出身的閣僚之比較冷淡，爾後我造訪首相，並對他說：

「昨天黃昏所談的，我已經轉告了侍從長等人。他們以爲，而我也覺得，在這樣重要的時期，閣僚的團結似嫌不夠。現在恐怕祇有多舉行閣議，以閣議來壓住陸軍之一途。當然，閣下不會依賴親信。所以請儘量由內閣負責，發揮內閣的全力，以解決事件，因此目前最重要的，我或許沒資格說這種話，是天天召開內閣會議，外務大臣好像很贊成這樣做。關於外務省的報告沒到閣下手邊事，我也去外務省轉達過了。亞細亞局長說，如果用文書來不及的話。他願意天天派一個亞細亞局的事務官來作報告。但我想，這件事請閣下與外務大臣直接商量決定。」

昨天晚上，參謀總長來電話說，「請你明天上午十時正來參謀本部」，所以隔天我準時去拜訪了參謀總長，他強調並辯難日軍的陰謀說：

「滿蒙的氣氛，一直非常不好。由於對日本人極盡侮辱之能事，忍無可忍，而纔突發這樣的事件：日本人之中，雖然也有作另外看法的，但事實決非如此。這可以說是受了以鼓吹打倒日本為目的所寫教科書之教育的中國小孩，已經成人了，和其他各種因素所促成。」

對此，我說：

「發生張作霖事件沒經過多少歲月的今日，日本人如果再予以攻擊，外國人當然會認為這又是日本陸軍的陰謀：由當時既不能以軍法處罰炸死張作霖的參謀，今日又令其在滿洲工作這個事實看來，您的辯解無論如何不能成立。當然，我也不以為這是陸軍的策動，但許許多多的人，還是有又幹了的感覺，因此作為陛下之幕僚長的您，應為陛下的軍隊，嚴格地注意其不要離譜。」

並附帶地說：「公爵（西園寺——譯者）所耽心的也就是這一點」。

參謀總長說：「在滿洲的二十六萬中國兵，隨時有變成土匪的可能，所以現在的一萬多日本軍隊實在不夠」，以暗示有增派軍隊的必要。同時又說：「我對陛下報告『在滿洲所以有這樣多的事故，是因爲銀價暴跌，大豆失收，軍人拿不到薪水所致，排日的根源也在此』，陛下點著頭」；「早晚，或許得出兵中國。」

同日，我乘下午一點正開的火車前赴京都，十點鐘左右到達，大約十一點鐘與亞細亞局長通了電話。翌晨九時半，與首相、外相和亞細亞局長以電話交談，十時前往公爵公館報告一切經過。公爵說：

「我眞耽心會變成這個樣子，的確糟透了。宮內大臣和侍從長說：『陛下很可能與陸軍的元老，又是曾輔導過陛下的閑院宮商量有關軍紀的問題』，或許『得請公爵回到東京住些時候，也許陛下會有所垂詢』。如果將垂詢閑院宮，就得事先給閑院宮洗洗腦。木戶或者內大臣，應該晉謁閑院宮，好好向他說明今日的情況。陛下如果要垂詢，我當然要去。」

爾後，我即刻掛電話給皇宮的木戶，轉達公爵有關閑院宮的話，並請木戶傳達公爵以下的吩咐：「我想大概不會，萬一政府有意要辭，這時陛下絕不能允許。在這個事件沒有獲得解決以前，不宜准許辭職，請把我的意思告訴侍從長和內大臣」。我同時轉達了木戶，公爵如下的意見：「關於沒有批准就出動軍隊一事，陸軍大臣或者參謀總長上奏時，陛下絕不可寬恕，也不能默默不言。請說由他再考慮考慮，暫時保留，因爲對這將來當有所處置」。

二

九月二十二日早上，我回到東京。同日，若槻首相進皇宮向陛下上奏閣議的情形。其內容據說，除爲防止危險以外，不實施軍政，絕不扣押海關和銀行；關於要出動朝鮮軍到滿洲一事，係由陸相以滿洲兵力不足所提議，這是參謀總長向陸相轉達關東軍司令官的要求而來的，惟以這在國際聯盟將發生問題，由滿洲撤軍時可能引起各種麻煩而未爲閣議所接受，首相「責難陸相出兵到吉林和長春。外相主張應該即時停止佔領，進行外交談判；陸相堅持維持現狀談判」。

爾後，陸軍大臣與參謀總長就朝鮮軍出兵問題再次商談，並決定於二十二日的閣議提出；陸軍大臣對首相說：「朝鮮軍司令官以事急，而已出動了一個旅團」。參謀總長於同日進宮，就朝鮮司令官未呈請勅令獨斷獨行一事，有所報告。

首相非常焦急要閣議承認朝鮮軍之出兵。當天晚上，陸軍次官晉見並要求首相說：「無論如何在今晚之內，請首相向陛下報告『參謀總長說，朝鮮軍司令官獨斷獨行出兵一個旅團，明日以閣議決定後，再另行報告』」。但首相卻予以拒絕。

翌日上午九時半，陛下召見首相面諭說：「政府決定不擴大局勢的方針，非常妥當，你應該努力於貫徹其主旨。」

首相由陛下御前退出時，參謀總長在候客室等著。這是參謀總長偷偷來看首相的。首相立刻告訴他，剛才陛下的指示：，但參謀總長卻拚命懇求首相：「請您就朝鮮軍司令官獨斷獨行的事上奏。由於非經閣議決定不能呈請批准，所以無論如何請以已經閣議決定的方式上奏」。但首相還是嚴予拒絕，直回官邸。

當天的閣議，以既已出兵，政府祇有決定支付經費（大藏大臣雖然不承認這是閣議正式決定出兵，但事實既然如此，也就沒多說話），加以參謀總長一再懇求上奏陛下他所說的話，因此首相不得已遂於當天晚間報告陛下。繼而陸相和參謀總長出面，獨斷獨行的出兵，終於事後獲得批准。

當天閣議，曾向全體閣僚傳達了陛下「政府決定不擴大局勢的方針，非常妥當，你應該努力於貫徹其主旨」的聖旨。所以外相便對於宋子文「擬組織中日共同調查委員會」的提案，準備決定同意：，此時宋子文又來電報說：「我們以為局勢不會擴大，但事實卻完全相反，故組織委員會事請作罷」。又據傳，中國方面說：「我們不能跟無法控制軍部的政府交涉」。

因此，前一天下午，新任中國公使（蔣作賓）到外相那裏去致敬時，曾對外相說：「今天這樣的局勢，乃起因於多年來的不良氣氛，本來，中日應該親善，惟因作日本是帝國主義等等惡宣傳，是即平素不滿為今日的原因，故我們要努力消除興奮的原因，以改善兩國間的氣氛。」

日方對中國公使談到宋子文提擬組織中日共同調查委員會事時，中國公使表示完全贊成，可是第二次的電報卻拒絕了。

面對這個現實，日本政府實祇有努力於不出兵到條約範圍以外，已經出者則把它收回，以暫時靜觀其演變之一途。

在另一方面，陸軍卻照其老早計劃，要求爲管理滿鐵的鐵路增兵等等，年輕的參謀，似無視於軍司令官，準備出兵到哈爾濱。

由於從滿鐵獲得了這種情報，所以首相爲了不出兵哈爾濱，遂把陸相、外相和藏相請到他的官邸來。以前曾這樣訓令過，惟不知道是否已經做了，因而請二宮中將來問其究竟，他說電報已發出去了。但祇是發出訓令還不夠，因此便令其以電報查問是否已出兵到哈爾濱。結論是「調回吉林的部隊，從朝鮮出兵的費用，因爲不得已，故應開支，似不召開國會也能收場」。總之，在這個聚會席上，外相、陸相、藏相的意見一致，陸相並約定今後絕不再獨斷獨行以告別。

二十三日，我往訪好久不見的岡田（啓介）上將，他說：「對於這次陸軍的計劃，樞密院的平沼（騏一郎）好像大有關係。陸軍搞得太兇了。此時應該更換參謀總長，而祇要事件解決了，這是辦得到的。

二十四日，國際聯盟和美國都提出了警告。從美國來的報告，美國國務卿史汀生曾對日本駐美大使出淵勝次甚至作了如下的表示：

「我一直非常尊重和信賴幣原外務大臣的人格和他的方針，我在倫敦見過若槻首相，我對他的人格和才能也很尊重和信賴。因此，當這個內閣成立時，我便期待在這個首相之下，祇要幣原外相能在位一天，日本將爲世界和平而努力。可是，今日發生這樣的事件，我想日本政府一定很傷腦筋，我眞希望能早日恢復原狀。最近曾經有一個國家說，想派遣武官前往滿洲從事調查，但美國拒絕了這個提議。」

外務省於當天晚上，起草對於國際聯盟的答覆，並於二十五日發表它。

二十五日上午，首相進宮報告對國際聯盟回答之所以遲到今日的理由，和「關於其詳細內容，將由外務大臣另行報告」。這時，陛下垂詢首相「鄭家屯的部隊是否已經撤退？」「吉林怎麼樣？」等等，並同意今日內閣決定要實行的一切。

據說，當時首相是這樣報告的：

「對國際聯盟回答之所以遲至今日，是因爲軍部，雖然陸相同意了閣議的決定，並約定要撤兵，但還是未撤退，如果發表了聲明，對聯盟發出回答以後，仍未撤兵的話，國家將沒有面子，因而一直觀察著軍部的動態所致。」

爾後，外相向陛下報告對中國問題的種種達一個半小時，就對聯盟的回答有所說明，陛下表示非常滿意。這時我從京都跟首相和外相通電話，他倆告訴我陛下很滿意。

我於九月二十六日回到東京以後，即時前往外務省，發現谷（正之）亞細亞局長，因爲由拓務省獲得陸軍又以土肥原（賢二）上校等爲主角，在那裏搞復辟宣統帝運動的情報而正在大傷腦筋。谷要我對參謀總長就這件事作個詳細的說明。由於參謀總長曾托我轉話給公爵，而至今我尚未向總長報告我對公爵轉話的經過，因此遂乘此機會向他交代，同時說「公爵以：『做爲陛下之幕僚長的閣下，在日本政府向中外聲明之後，在滿洲的軍隊統制上不會讓其作出丟政府臉的事罷』，而非常耽心這一點。」我又提醒他說：「外邊有復辟運動云云的情報，我雖然不相信有這回事，但請您要特別留意。」

三

隨後，拓務省接獲「擬擁護宣統帝的復辟運動，既有大本教的出口王仁三郎（總統），也有土肥原上校在裏頭」的情報。更有一些人說是共和政體比較好，而要組織共和黨的傳說。當然，軍人和日本人都不應該參與中國的內政，所以陸相決定密派憲兵去取締。

從當地曾來報告說：「警視廳在東京方面取締暴力團體，結果漏網者便會前來滿洲亂搞」，因而政府對此事也很關心，希望「有所作爲」。

我聽到前去奉天辦事回來的外務省亞細亞局守島（伍郎）第一課長說，他一到奉天就對林（久治郎）總領事轉達「內閣不希望擴大這個事件，所以請您往這方面努力」，可是林總領事卻說「這已不可能了」，情勢正在擴大。當地陸軍軍人之中，有人視林總領事爲眼中釘，因而其生命受到嚴重威脅。

守島又說，關東軍司令官等於被囚在屋子裏頭，參謀的石原（莞爾）、花谷（正）和板垣（征四郎）三個人最重要，參謀長三宅（光治）簡直沒有統率部下的能力，上述三個參謀，在那裏爲所欲爲。

他們一喝酒便要大言壯語：「這個計劃老早就進行，七月二十五日，已在奉天佈置好砲列。我們既然成功了這個計劃，下一步就是要回到國內搞政變，以消滅政黨政治，建立以天皇爲中心的所謂社會主義國家，掃除三井、三菱等資本家，平等分配財富。我們一定要完成它！」因此，滿洲的知識份子，都非常注意他們的行動。

由於這種原因，所以就是陸相和參謀總長去訓令，也不會服從的。他們眞的正在「搞其所欲搞」。因之如前面所說，陸相令建川少將帶親筆函去給關東軍司令官時，似要他壓住他們的越軌行爲，但相反地建川卻反而煽動了他們。

建川少將在到達奉天之前，知道他要來而暗中去接他的人，問他：「您是建川閣下罷？」可是建川卻說「我不是建川」，而不理。惟因在奉天的「大和飯店」偶然碰見伍堂（卓雄）滿鐵理事，無法再隱瞞，纔發表建川抵達奉天的事實。

與此同時，由巴黎回日本途中之我的熟人某臺灣人，湊巧跟要回東京的建川同火車，聽到建川拼命說著「往奉天打了一發日本的大砲，中國人便像蜘蛛一樣四面逃，眞是好玩」等等，盡是戰爭的話。

二十九日，我跟政友會的森（恪）和外務省的白鳥（敏夫）正在「桑名」吃飯時，首相來電話要我馬上去，於是我即時趕往首相官邸。他對我說：

「這話請你祇給公爵講，我非常憂慮。今天中午參謀總長來這裏說：『第一線軍隊之所以沒按照政府的訓令行動，通信機關之不知第一線的特殊情況是原因。雖然有人說政府與軍部關係不好，但我們決沒這種意思。至於說陸軍軍人在滿洲參與復辟運動，這絕不是事實，我不許他們這樣做』。我說：『不特軍人，一般人也都不宜這樣做』，這時參謀總長說：『這次不會發生以前那樣的統帥權問題』，我以爲他要說明年日內瓦會議的事情，因此我想談這個問題時，他卻說：『不是不是，陸軍或許將出兵長江沿岸，那時請政府不要掣肘』，因而我覺得非常危險。因爲，我知道陸軍早有封鎖上海的計劃，而參謀總長之所以這樣說，是希望政府不要妨害這個計劃。因而我對他就國際情勢和日本的財政狀況說明了一個半小時：『今天，日本不應該打仗，當然，做爲帷幄之幕僚長的閣下也很辛勞，但首當內政外交之衝的我，眞是憂慮萬分！希望閣下自重』，說畢就與參謀總長告別。但情勢是這樣，參謀總長隨時可能上奏陛下，由於極其危險，因此請能留意」。首相一再地叮嚀，「這是絕對秘密，祇能轉告公爵」。

爾後，我又回到「桑名」，再跟森和白鳥碰面，迨至深夜，我往訪木戶內大臣秘書官長，請他轉告侍從長剛才首相所說的話，木戶答應明天早上報告內大臣。

翌日，我決定當天晚上要到京都的時候，上午十一點鐘左右，皇宮來電話，要我即去。我去時，內大臣、侍從長和宮內大臣已經在那裏等著，木戶也同席，經我一番說明之後，內大臣似逐漸明白。

這時，內大臣等好像覺得，首相一有什麼困難，便要找（日皇）親信幫忙，所以我便對他們解釋：「首相並沒有託我告訴各位，他要我『祇轉告元老』，惟事情跟陛下直接有關，故我自動奉告諸位」。

此刻宮內大臣說：「據聞，二宮參謀次長訪問平沼樞密院副議長時，平沼對他鼓勵說：『今日就是日本出兵滿洲，美國和蘇俄也都不會干涉，陸軍為什麼不更積極地打中國？』回來後，為了其他事，我再跟首相碰面時，他對我說：「在閣議，陸軍大臣一再表示『欲出兵間島』，因而我說『絕對不行，如果危險，應當撤回日本人』陸軍大臣說：『萬一日僑的生命財產受到危害時，閣下要負責任嗎？』我說『祇有負責任』。隨即在間島發生爆炸事件和傷害事件，我們抓了丟炸彈的朝鮮人審問結果，這個人答說『日本軍人要我幹的』。真是危險萬狀。」

隨後，有人告訴我，下午三時在貴族院的公正會要舉行時局座談會，並要我參加。這時，貴族院議員岩倉（道俱）男爵要我具體而深入地談談最近的局勢，因之我做了如下的說明：

「因為職務上關係必須守密的，我不能說得太具體，惟因情事重大，所以我想抽象地來談談這次的滿洲事件。這絕不是單純的外政（交）問題，或許可以說是陸軍軍事政變的序幕；也許可以視為今年三月二十日，欲襲擊國會而事先被鎮壓之陸軍一部份人的計劃在滿洲的爆發。而從頭到尾，政府則被陸軍所輕視。另一部份軍人，確信他們在滿洲成功，在國內也必能順利，這是很危險的。其原因為，攻擊軍閥的輿論，大大地刺激了純真的青年軍官；裁軍，就不理解國際事務的他們來講，無異是對他們的壓迫和排斥。它的近因是，他們盲信因爲陸海軍非常的犧牲，在滿洲所獲得條約上的權益受到侵害，他們認爲，由於明治天皇之洪謨和他們軍人的翼贊，在滿蒙之地所獲得的日本帝國權益，因爲幣原的軟弱外交，逐漸受到侵犯，而非常不滿。在另一方面，與參謀本部傳統的策動合流，正在意圖有所作爲之際，政府實行官吏的減薪，予以軍人很大的刺激，使他們覺得，所謂政黨政治家，不是呆在茶館酒家，就是收受賄賂，玩弄權謀術數，冒瀆政治，國會醜態，不忍正視，他們以軍人不能干預政治爲由，威脅軍人的生活，但對於資本家，不但不收取資本利息稅和增加收益稅，而且不加之任何負擔，而祇懂得整領著薄薪的我們。總之，這種想法在促進軍人的策動和陰謀，是無可否認的事實，而爲這個陰謀之中心勢力的，就是一九二七年所成立名叫『櫻會』的秘密結社」。

在這個會上，我並未說及櫻會的秘密內容，而祇以上述的話，促請他們注意。

我於九月二十九日上午九時，前往京都向公爵報告到目前的情況，他對於軍部的事很擔憂並說：「我們應該想想辦法。」

三、四天前，我跟白鳥和陸軍的鈴木中校一起吃飯時，鈴木跟白鳥似乎很合得來，所以爾後有個晚上他倆談得很久。十月一日，我回東京到外務省跟白鳥碰面時他說：「跟鈴木談，得知他們也以非常的決心在幹。我雖然相當共鳴他們的主張，但祇讓他們軍人去搞，不曉得會搞出什麼名堂來。因此我們準備參加他們，以便瞭解個中情形，你也來罷」，於是我答應了他。看樣子，他們好像要在十二月份的國會中有所作爲。

由於事情很急，所以我便於當天下午四時，把木戶、近衛和白鳥請到我家裏來，密商對策，結果決定「互報各方面情況，經常密切聯絡」。

四

於十月一日的閣議，據聞，幣原外相說：「在十四日將於日內瓦召開的（國聯）理事會以前，我們希望能夠表示明確的態度。在這之前，日本如能撤兵，當無問題。如果爲自衛，自有其說法，但我們不應該在吉林、敦化駐兵」，對此，陸相答說：「現在撤兵，我們的立場將很困難，我們將無法控制奉天和吉林。日本最好退出國際聯盟」。於是首相遂從財經方面力勸陸相說：「日本如果不好好考慮國際關係，以定進退，則將陷於孤立狀態，從而導致國家莫須有的不幸」。

爾後，因爲美國的金融情況不很好，因而我去訪問正金銀行董事長（兒玉謙次），請教他有關這個問題。他說：

「從九月二十三日到十月二日，在紐約市場之二十億美元的黃金，被指定爲特殊用途的二億六千萬美元，流出國外者四千八百六十萬美元，所以有些人在耽心美國是不是會再度禁止黃金出國。與此同時，美國對德國的長期貸款有三十五億美元；短期貸款爲三億至五億美元。紐約的蔡斯國民銀行 (Chase National Bank) 也曾貸款她一億美元。因爲蔡斯國民銀行的情況不是很好，所以此舉曾予美國財界以很大的衝擊。自九月一日到十月三日，英磅和股票下跌兩成，由於美國的財富也大爲減少，因此在歐洲，許多人認爲這不是健全的現象。日本是美國禁止時金融最爲健全，但在今日，日本的大金融機關卻在逃避。日本銀行和大藏省並沒考慮要再禁止，但投機份子們似在躍躍欲試。目前中國的情況，相當嚴重。」

我又去訪問池田成彬（三井銀行常務董事），他對我這樣說：

「最近我曾與平沼樞密院副議長見面，他極力主張日本應該與蘇俄斷交。閣議時，幣原外相曾嚴責陸相未獲得批准就出兵之事，但安達內相卻幫陸相講話，從此以後，安達頗受陸軍歡迎。未得批准就從朝鮮出兵之後，參謀總長與陸相晉謁陛下時，據說陛下非常不高興。我跟荒木中將也很熟，他說『今日少壯軍官的運動，其勢力大到連我都無法控制』。」

這時，我拜託池田說：「由你來詳細說明今日日本財界的狀況，使之不要發生太離譜事件，對國家非常重要；而由非政治圈內人的你來說比較有效，所以請你多費心」。

翌晨，我往訪山本達雄男爵，他也很憂慮財界的情形，並說：

「再禁止黃金的輸出，絕對不好。目前日本銀行擁有八億八千萬元的黃金準備，流通貨幣大約九億元。因此縱令再流出去一、二億元也無謂。三井銀行似也在收購美金，但我不相信會超過一億元。井上藏相的作法，在原則上是對的。惟歲入減少，但歲出卻不一定會隨之而減少，所以必須在這方面下點工夫。」

十月四日，我見到首相時，他曾就九月十八日以後有關自衛問題說：「陸軍以預防危險爲理由派兵，且及於吉林等地。政府採取不擴大方針，陸軍要出兵哈爾濱時，政府曾請參謀次長來，令其中止此舉，盡了最大的努力，但中央的軍令似不能在第一線貫徹執行，眞是糟糕。國際聯盟和美國都要求我們不要擴大，對此我們得做答覆。因此，國際聯盟秘書長德拉孟特（James E. Drummond.英國人）偷偷地通知我們說：『如能在聲明書說明清楚，日本陸軍不是要保障佔領，而是單純地佔領，祇要能維持治安，便要撤兵，事件的談判與佔領完全是兩回事的話，我相信理事會的空氣將會緩和許多。所以十月十四日不舉行理事會，而看日本的態度以後，認爲必要時再行召開』。在另一方面，樞密院會議卻說：『陸軍的這次行動非常好』，由於這些不懂事的強硬論者亂煽動陸軍，因而陸軍的態度便強硬起來，而竟說『中國不會和我們交涉』。長此以往，或將發生類似濟南的事件，頗堪憂慮。而且，華南也開始排日，糟糕透了。」首相對我喋喋不休地說了一個小時的苦衷。

又，樞密院的伊東已代治伯爵（樞密顧問官，曾任農商務大臣）主張：「在這重要時期，應該設立外交調查會」。

我於十月五日早晨動身，下午五時二十分抵達大阪，經小倉氏（正恆，住友合資會社總理事）安排，在烟花柳巷的某酒樓，與阿部（信行，第四師團長）中將晚餐。在這個席上他說：「今日的陸軍，宇垣上將並不能控制。政黨人士亦即閣僚們如能認眞與陸軍商量，或能打開僵局」。他又說「小磯、荒木等人，最為少壯軍官所信賴，對其最具影響力」。

我於當天很晚回到京都，翌晨向公爵有所報告。他說：

「從陸軍少壯軍官結社的情形，以及我所接到的投書和情報來判斷，他們的作法極其巧妙，並可發現以往所沒有見過的事件，所以，我覺得，陸軍裏頭很可能有共產黨。回顧世界的歷史，王室滅亡時，亦即他們所採取的手段，與欲推翻王朝的種種革命方法，許多地方非常類似。譬如近衛師團的士兵，巡邏皇宮時，看到陛下的電燈點得很晚，這應該是陛下政務繁忙，故在用功，可是在後備軍人之間，卻這樣宣傳著：是陛下跟皇后等人在打牌；譬如說陛下之幕僚長與參謀總長和陸軍大臣晉見時，陛下竟表示出你又來了這種臉，對於此次結社的行動，皇族裏頭也有人贊成，且蓋有血印等等。凡此，都來自陸軍，因此我始終認為極左份子在其背後策動。」

報告之後，我於六日離開京都，七日早上回到東京。八日，我本來是預定搭乘下午一時開的「富士」前往京都的，惟因內大臣一定要我延展行期，因而於四時在皇宮跟內大臣和木戶會面。這時內大臣說：

「時局非常重大，我們覺得很不安，所以請元老早點勞駕東京，陛下似也很耽憂，此時此刻，陛下的商量對象極需要能統統在東京，故務請元老回來。而這也是侍從長和宮內大臣的意思。」

黃昏時候，我跟首相見面，他說：

「我一直對每位閣僚講：『陸軍不可以參與在滿洲建立獨立政府的事情』，閣僚都同感。最後我把陸相請來，並對他說：『現在應該是靜觀的時候。在滿洲建立獨立政權，跟政府一再向世界聲明日本毫無領土野心的主旨相反，所以絕不能參與。它不但違反九國公約，而且將與世界爲敵，從今日的經濟狀況來看，這樣做，勢將陷於孤立。並且，這將使日本的地位面臨危險，因此日本一定要在條約的範圍內行動，任何人宣佈獨立，我們都應當以中央政府爲交涉的對象」，對此陸相說：「若是，這不是跟事變以前一樣了嗎？』同時說：『讓我考慮考慮一、二天吧』，而告別。

在滿洲，第一線的軍部與總領事館之間的關係並不很好，所以閣議決定派遣大島健一中將（曾任陸相）和山川端夫（法學博士，曾任內閣法制局長官）兩貴族院議員前往滿洲視察，又因爲上海的排日格外厲害，故擬派遣軍艦，並提出抗議。」

這時，中國公使來說，無論如何不要遣派軍艦。因首相也很耽心預算和整頓行政的問題，因而問大藏大臣，藏相答說：「一切都沒問題」，但各部大臣卻都在埋怨說：「大藏大臣所答應的都不可靠」。

當天我乘下午九時二十五分的火車前往京都，而出發前所出來的號外卻這樣寫著：「日本軍以錦州是擾亂滿洲治安的根源而予以轟炸」。

九日上午九時，我向公爵轉達了內大臣、宮內大臣、侍從長和首相希望他到東京的意思，公爵說：「看看情形再說吧。現在去也許反而不好。譬如宅野田夫（左派份子，畫家）就來電報說，牧野是個奸臣，因而請我趕緊到東京。所以請你用電報告訴牧野我要等一陣子再說」。

我回旅館之後，以電話轉告了木戶以公爵的話。黃昏時刻與首相和外務省通電話，爾後報告公爵，當晚乘夜車回東京。

五

十月十日上午，我回到東京，並去看首相，轉告他公爵擬「等一陣子再說」的意思。首相很不高興地說：

「日軍轟炸錦州，使國聯的空氣趨於惡化，從而對日本非常不利。在十四日的國聯大會之前，我們得好好說明這個事實。陸軍眞是亂來。我實在受不了。我要陸相特別注意，他答應即時給予訓令，但第一線卻不按照訓令去作，你說糟糕不糟糕。」

我也去過外務省，而他們也在束手無策。一部份人謠傳，十一日陸軍或將有所行動，以及森（恪）在說將有大的政變。

十二日，從晚上八點半，我應邀到首相官邸去，安達內相和幣原外相也在受邀之列。首相和他倆先見面。最後對我說：

「剛才我跟兩位大臣已經說過，事情的確很糟。我盡全力想使國際關係好轉，閣議時我曾要陸相特別留意第一線軍隊的行動，不可以違背政府向世界所做的聲明，日本一定要重信義；而陸相在閣議席上也每每都說『是的，我即刻給予訓令』，但結果第一線的行動還是背道而馳。其行動，馬上反映於國聯。他們使國家的面子掃地。我眞幹不下去，但又不能不幹。」

他的意思是說，要我把他的苦衷轉告公爵。

十四日，我搭特快車「燕子」到京都，下午五時左右向公爵報告：「首相和內大臣都以局勢非常不安，無論如何請公爵回來東京。萬事拜託」，同時報告與國聯的關係等一切情況。於是公爵說：「要多少日子？」我故意多說點而答：「十天左右就行」，因而公爵說：「那麼二十四、五日回去就可以了罷。」爾後，晚飯時，我覺得二十四日太遲，所以建議二十日前後回去，他說：「那麼就這樣辦。」

這時公爵說：

「今天，內田（康哉，伯爵，滿鐵總裁）偶然來，並談得很多，但我對他所說的話很失望。他認爲，日本應該採取既能維持國際聯盟的面子，對美國有相當好感，日本也有面子，而且又能報答美國之好意的愼重態度，在外交的見地上，他的確不愧爲內行人；但很意外地他對滿洲卻具有很強硬的意見，這使我非常失望。這是不是因爲他呼吸滿洲的空氣，受了陸軍壓迫的結果？」

我向公爵報告了首相跟我說的一切話以後，就回旅館；翌日上午，以電話與首相和外務省亞細亞局長通話之後，乘下午的火車回東京。

那天上午，我在公爵那裏時，坂西（利八郎，貴族院議員，曾任袁世凱顧問）中將來電話，因見不到公爵，所以想跟我碰面，因此我請他到公爵住處。他說：

「我想提醒你的是，有人在策畫擬以宣統爲首的獨立運動。從日本人看來，宣統也是皇室，好像很理想，但由於今日中國有三民主義的結果，滿洲人的存在幾乎等於零，她以漢民族爲主，而且，從思想上來說，以宣統爲獨立運動的主角，將使全體中國人非常反感。如果軍隊在參與這件事，很不好。」

我把這番話轉告了公爵，同時向坂西中將說明爲什麼公爵不能同他見面的理由。

在下午要回東京的火車中，我跟坂西中將和江口（定條）滿鐵副總裁一起。在火車上，坂西中將也拼命對江口滿鐵副總裁提醒滿洲的局勢，上述宣統和其他的獨立運動問題。

回到東京以後，跟首相見面時，他問我說：「內田伯爵的主張非常強硬。他說『公爵澈底瞭解我的意思，並極有同感』，這是不是眞的？」我答說：「當然這不能對旁的人講，不過公爵對於內田伯爵的話曾這樣說：『從大局來看，他不愧爲辦理外交的人（內行人），他主張對美國應該以適當的信用維持關係，並給予面子，這是很對的，但對於滿蒙卻相當強硬。我聽到他意思不外強硬的主張，有些失望』，所以不能說公爵同感或瞭解了他的看法」。

下午三點半左右，我到了外務省，並在走廊碰見了即將進宮的幣原外相，他問我說：「內田伯爵怎樣」？我答道：「內田先生主張太強硬，因此公爵似覺得很意外」。

翌日上午，我又去見外相，他跟我說：

「昨天晚上我跟滿鐵總裁見面，由於他的主張很強硬，故我對他說：『你如果相信能這樣做，是不是替我來幹』，他答說：『不行，對聯盟和美國，這些都辦不到』。同時，我也極力反對獨立運動。他說西園寺公爵同感他跟公爵會面時所講的話，因而我對他說：『原田告訴我說，西園寺公爵對你的意見覺得很意外，是不是這個樣子？』內田伯爵似很心虛地說：『沒這回事』。」

我因為被稱名道姓，對內田伯爵有些不好意思，因此遂打電話給他，並於上午十點半左右，往訪伯爵私邸，表明了我的立場：

「我到公爵邸時，剛好您跟公爵談完話，於是我問他是不是跟內田伯爵見了面，他說『內田伯爵不愧為行家，對於國際關係，尤其跟聯盟和美國的關係，他主張給它們面子，不能失去日本和國際上的信用，實在不錯；但對於滿蒙具有很強硬的意見，而覺得很意外。尤其獨立運動和宣統的問題，非常不好』，由於職務上的關係，公爵所說的話，我絕不能對旁人講，惟這樣重大的時局，對於如此重要的事情，如果公爵的意見被誤傳到首相和外相那裏，或使他們有所誤解，則關係非常重大，因此我絕不對任何人講，但首相和外相問我時，我自應告之以事實，所以我纔向他倆那樣說。我絕不會到處去講這樣重要的事，而我對他倆講的用意也在此，這點請你能諒解。」

這時內田伯爵說：

「此時還說什麼重臣會議，今日如果召開重臣會議或御前會議還是沒有用時，你說怎麼辦？結果是傷害陛下的功德。我剛去時，也反對陸軍的作法，但既然是以年輕者為中心，我便覺得祇有進入陸軍以牽制他們之一途，因此我就改變了方法。由於事態非常嚴重，所以我回國以後，便盡量努力於轉達第一線的事務，惟可能因爲地理上的關係，大臣們的感覺不同。事情如此重要，因之我準備爲政府與第一線的橋樑盡最大的努力。」

由於他談到重臣會議，所以我特地告訴他：「公爵似也不贊成重臣會議」，而與他告別。

十六日，跟大藏大臣見面時，他對我說：

「預算大概在四、五天之內就可以弄好。關於軍制整理案，今日陸軍大臣送來了，我準備馬上看，不過我想不會有什麼問題。陸軍之所以要拉內田伯爵參與滿洲的獨立運動，其目的似在於要滿鐵出錢。」

當天晚上，犬養健（衆議院議員，屬立憲政友會）來說：「對於軍部的行動，家父（犬養毅）也很耽憂。他要我來你這裏探問：最近可能有政變這種傳說的眞相。我認爲，如果這樣（政變），得改變陸軍的根本組織，若是，單單政友會是不行的，一定要成立聯合政府。森（恪）也對我說過，陸軍好像正在策畫什麼，因而我對他說，果眞如此，政友會單獨是無能爲力的。」

那天下午，我與首相會面，他說：

「內閣的方針是，第一，懲罰造成此次事變之原因的暴戾的中國兵；第二，軍隊的行動在於爲確保軍隊本身、日僑及鐵路之安全而要除去周圍的威脅；第三，達到上述目的後，我軍應回歸鐵路用地；第四，沒有領土的野心；第五，日本官民在滿洲並不阻止中國人欲建立新政權的行動，但也不支援或支持；第六，此次事變的解決，將由中日兩國直接交涉；第七，解決案的大綱，擬與中國的中央政府交涉協定；第八，有關在滿懸案解決的細目，將與滿洲官憲交涉決定。其中，第五點關於建立新政權一節，雖然與軍部的意見有些相左，但政府已經原則上不反對暗中爲之。惟軍部不贊成與中國中央政府交涉協定解決案的大綱，而堅決主張跟滿洲官憲交涉和決定，這是政府與軍部最大不同的一點。關於這些，我曾個別地問過各大臣的意見，他們大多跟我的看法一致，外務大臣也不例外，因此，最後我想徵詢陸軍大臣的意見，如果順利，希望提出閣議，以決定政府最後的態度。」

於是，我乘十七日下午一時的火車到京都，十八日早晨向公爵報告一切，同時轉告他有關內田伯爵的事，他說：

「那太好了。你替我解釋反而好。我贊成內田伯爵的意見者有四點。第一，要給國際聯盟面子；第二，相當考慮與美國的關係，給美國面子，而又不損及日本的威信；第三，對現在的外務大臣雖然有些批評，但還是要支持他；第四，在內外時局重大的今日，應該支持現在的政府。因爲這些我都同感，所以我說我贊成他的那些觀點。你上次來時我應該說明詳細一點，惟內容繁複，因此沒多作解說，現在我把它說清楚。至於滿洲的問題，我跟他的看法雖然有些距離，但這是沒辦法的。」

我在公爵住處時，跟首相、外相和白鳥通了電話，白鳥問我知道不知道今天早晨發生的事，我說完全不知道，並問他到底怎麼一回事，他答說：

「今天淩晨四時，陸軍的那些激進份子，參謀本部的橋本和根本（博）等九個人被抓起來了。這是麻布（地名）聯隊的某上尉意圖動員九個少尉，以暗殺（陛下）親信內大臣、宮內大臣、侍從長等，然後準備在二重橋前面割腹自殺，甚至於欲暗殺政黨領導者，特別是現在內閣的若槻、幣原、井上、安達等人的計畫暴露被逮捕的。」

我打電話問首相，首相說確有其事，因而我報告了公爵，而公爵那裏也收到了由中川小十郎（西園寺秘書）轉來的杉山茂丸（著名的政治浪人）、宅野等人的許多電報。宅野的電報說：「請不要接受陸軍首腦部的辭職」，杉山的電文道：「軍部的拘留，將予各方面以很大的影響」。由各種情況來看，可以從表面和裏面瞭解得很清楚。

前一天，我準備出發時，收到了叫做佐佐木靈山這個名字的一個人的信，它說：「所謂最近會有革命，昨天晚上行地社某博士（指大川周明）的家被搜查」，可見這時確有這種氣氛。我向公爵報告完畢之後，便搭下午一時的火車回到東京。

十九日上午，我與首相會面，並對他說，公爵昨天給醫生作了健康檢查。然後才要決定何時能回東京，並轉告他，我已向公爵報告了一切。他還是對軍部的態度很頭痛的樣子。爾後我去了外務省，他們說，外務省的年輕官員逐漸與陸軍接近，蠻好。

那天晚間，白鳥到我家裏吃飯的時候，森恪前來力主：「沒有政機的轉變，絕不會好起來」。森走了以後，內田信也（衆議院議員，立憲政友會顧問）來說：「犬養總裁在代議士會的演講，獲得非常好評，他認爲，在這樣重要的時局，要支持政府到告一個段落」，但內田對於激進派的森恪等人的行動，沒有好感。過一陣子犬養健又來，閒談政局，也聽了白鳥有關外交方面的意見。隨後來了好多位新聞記者，問長問短各種流說，搞得很晚。

六

十月二十日，陛下將視察警視廳的新大樓。以前，警視總監曾經對我說：「陛下如能有所指示，則很萬幸……！」，因而我就把這話告訴了宮內大臣，惟今日陸軍對陛下之視察警視廳已經不高興，如果再有所指示，則不很適時，所以我特別請總監原諒。

陛下的視察雖然很順利地過去了，但當天卻有許多流言蜚語，說是在視察時要炸皇宮，內大臣被殺了，安達內相也被宰了等等。

那天中午，我跟松井中將在「桑名」一起吃飯，他說：「無論如何應該早日換這個內閣。軍部對於若槻、幣原的反感還是很厲害。如果令安達做首相，犬養爲副首相，以成立民政黨和政友會之聯合內閣的話，就很好。這有沒有什麼辦法？」我祇聽著。

松井中將又說：「這次陸軍的事件，參謀本部的橋本中校也很頭痛。因而曾經去請荒木中將『出來率先反對』，就這個問題來看，我覺得今日陸軍省的人事太差。參謀總長也不好。因爲人事安排得不好，所以纔產生這種結果。」他同時很讚賞武藤（信義教育總監）上將等人。

爾後下午三點半左右，我與首相見面，他談了滿洲事件的善後案、交涉的對象、陸軍的此次事件、陸相的上奏及其措施等等。

陸軍本身把這次事件看得很輕，他們認爲，因爲政治不好，因此纔出現這些人，但這些人的思想動機是很純潔的，他們把這個問題看得很小。所以首相好像不知道應該怎麼辦。

黃昏時刻，警視總監來看我，並說：「最近我想以不敬罪抓宅野。對於陸軍這次的事件，因爲還弄不清楚陸軍領導層的意見，所以不能有所行動」。

我乘二十一日下午的火車再到京都，向公爵報告一切。亦即有人說，民政黨內安達的一派，因爲反對井上藏相的財政政策而可能採取某種行動；森恪講，對於關屋（貞三郎）宮內次官的調動，各方面的反應不佳，對宮內省也不好；有些人很欣賞犬養總裁的演說中，主張政友會爲匡救時局必須努力到外交交涉告一個段落這一部份，以及此次事件等等。

公爵說：「給勝沼（精藏，名古屋醫科大學教授，西園寺的主治醫師）博士檢查結果，認爲還是到興津比較好。現在回去與否，無關重要，所以就留在興津。請通知東京。」

於是我遂打電話給木戶，請他轉告內大臣。我同時告訴木戶，二十日晚上在「錦水」門口偶然碰到清浦（奎吾）伯爵時，他主張「京都的氣候將日趨惡化，因此請建議公爵早日回到興津」的意思。由於流言蜚語太多，形勢有些險惡，所以我對公爵報告說，公爵回去興津以後，我將特請陸相派遣憲兵擔任警衛，公爵同意了。

二十二日早上，我跟首相通電話，他說德拉孟特暗地裏對在日內瓦的杉村（陽太郎，國際聯盟事務次長兼政務部長）提出三個案：

「第一案，予日本以安全的同時，日本撤兵；第二案，具備日本所提出五個條件時，日本要撤兵，但沒有撤兵期限，而撤兵之後，中日事實上的交涉，要逐一報告聯盟。如果這兩個案都沒成立，日本必須服從幾天後大會所作的決定。日本要怎麼辦？」

白鳥認爲，當芳澤（謙吉，駐法大使，國際聯盟日本代表）大使接到這個提案時，應該立即答說：「我想可以，但我的政府不知道怎樣判斷，讓我請示一下」，而竟先對布里安（法國外相，國際聯盟理事會議長）說「不行」，然後再請示政府。由於因應不得體，所以對方便以爲沒有希望了，而纔提出最壞的條件。我對公爵報告這件事時，亦即最壞的提案還沒提出之前，德拉孟特所轉告的內容，陸軍是贊成的，因此我到京都的時候，氣氛很好，但我回來東京以後，情況就完全不對，而變成無從著手的狀態，首相也正在爲它頭痛，因而我問他要不要到興津來。

我同時問首相有沒有具體的方案，我想知道能夠打開今日局面的具體方策，如果有具體事要跟公爵商量，他也許會到東京來。公爵如果毫無目的地到東京，會引起種種疑惑，反而不好，這似乎是公爵不到東京的主要原因。

首相埋怨說：「現在沒有什麼具體方案。如果有適當的人，我很想讓位給他，但卻也有許多人要我幹下去，而祇要我是首相一天，內閣便不能增加其他政黨的人士。在今日的閣議，陸相竟說：『我們對國際聯盟，實在不必客氣。幹脆脫離算了』，『以世界為對手打仗，並算不了什麼』，且說『今天我要去參加李鍵（陸軍騎兵少尉，近衛騎兵聯隊付，想是朝鮮貴族——譯者）公的婚禮，對不起我先走一步』，而溜走。這位仁兄的確太不負責任了。」

我搭下午一時的火車到京都，翌日陪公爵乘八時二十分的「富士」回到興津來。在京都車站，我們遇到說是來此地演講的小磯軍務局長。小磯也向公爵致候。在火車裏，我再三報告公爵，首相非常傷腦筋，這個內閣很難應付國會等等。到達靜岡車站時，出來正要坐上汽車時，知事（鵜澤謙，靜岡縣知事）特地來說：「請守密，明天首相想來看看公爵，請代問他方便不方便」，我在車中請問公爵，公爵說：「答覆他可以」，於是抵達興津以後，我就告訴知事如儀。

然後公爵說：「首相不知道要來談什麼，希望你留到他回去。」所以我呆到黃昏。首相於下午兩點半左右來，談到五點半前後。首相回去之後，我往見公爵。公爵說：「他是來訴苦的。但也不是完全沒有道理。等於摘要了你以前所報告的一切話，他似很頭痛，不過卻說要悉力以赴，因此我大大地鼓勵了他一番。」

我跟首相搭下午六點由興津開的火車，在沼津換乘「燕子」到東京。旋即森恪來電話問：「據說首相與公爵談的時間很長，這是真的嗎？談了兩個半小時，究竟談了些什麼呢？」「不知道……」，「公爵不是給予鼓勵了嗎？」，森恪的口吻非常氣憤，因之我說：「首相來談談政情，公爵當然得給他打打氣」，森說：「說的也是」。

二十九日早晨，從七點到九點多，我到荒木中將家跟他聊天，他說，所謂軍部的此次事件，並沒有任何具體的事實。他說，他聽到年輕的軍官在一起喝酒，慷慨激昂，所以他便於十六日晚上，到橋本等參謀本部部員在喝酒的某地方，並對他們說：

「喝得這樣醉醺醺，怎麼能談問題。我常對你們講，不可以有太極端的想法和作法。日本的軍官有如一把刀劍，刀劍必須經常磨，不能亂拔出來。我眞沒想到我得穿軍裝到正在喝酒的你們面前說這種話，你們應該謹愼一點。」

對這件事，陸相非常耽憂說：「對他們應當想想法子……」，憲兵司令官（外山豐造陸軍中將）也說：「若是，自應予以拘留，以便隔絕他們跟外面的關係」。所謂「外面」，根據荒木中將的說法，「北一輝（國家主義運動的理論指導者，著有「支那革命外史」、「日本改造法案大綱」等）最給他們以刺激，眞是危險。此外還有政黨人士，這些人在煽動純樸的靑年軍官」。

荒木中將認爲，目前的情勢不會即時由右而左，而年輕軍官之慨歎今日政黨政治的腐敗是事實，因爲刺激，隨時隨地他們有動起來的可能，這是很難預測的。（譯註一）

（原載一九八二年十一、十二月號台北「國會」雜誌）

【譯註一】原田熊雄是貴族院議員，日本昭和最後的元老西園寺公望的秘書。此文口述於一九三一年九月和十月間。

九一八事變與若槻內閣

幣原喜重郎

力量不足的南陸相

發生柳條湖事件之前，我已有預感。那時召開了全國商工會議所會議，滿洲之會議所的人們也來到了東京。他們曾經到我這裡來說：「最近，年輕的軍官，來訂購奇奇怪怪的東西」。詳細一問，這些都是軍事必需品，軍方並要求在某日某時以前，把所訂購的物資送到某特定的地方去。因此，連外行人也會覺得，陸軍在有所計劃。

所以，我便找陸軍大臣南次郎上將（譯註一）問說：「在滿洲有這樣危險的傳聞，你知道不知道？」他說不知道。我力陳：「如果置之不理，將不得了。這不僅將貽誤青年軍官的前途，而且將危害國家的前途，這要特別留意。請陸相能盡全力維護軍紀」。南默默聽了之後答說：「我也有同感。爲維護軍紀，我已經在努力，聽了你這番話，我更要賣力」。

爾後，南陸相採取了何種措施，我不得而知，但我相信他一定用盡苦心，努力於維護軍紀。惟青年軍官非常團結，又有很大決心，因此似誰也無可奈何，而終於爆發柳條湖事件，眞是可惜萬千。

一九三一年九月十九日早晨，我在東京駒込的家，在早餐桌子上看著報紙。此時偶然看到日滿兵衝突於柳條湖的消息。我覺得事情不妙，遂中止早餐，趕到外務省。我看完了有關的一切電報，但還是不能瞭解中日軍隊衝突的眞相和今後的情勢。

我於是趕往首相官邸，向若槻（禮次郎）首相（譯註二）報告外務省所收電報的概要，並請他即時召集臨時閣議。在閣議席上，我報告了我所知悉的狀況，並徵求各閣僚的意見。我同時要求南陸相即刻與參謀本部和關東軍聯絡，獲得正確的報告，陸相接受後，此日的閣議就散會。

隔一天或兩天，南陸相拿了寫著「事實」的字條到閣議來。這些「事實」比報紙所報導的還要詳細。它說：中國的士兵「侵入」滿鐵附屬地，意圖破壞鐵路。日本的守備兵欲趕走他們，而發生衝突。後來雙方的人數愈來愈多，目前還在對峙中。它在最後還這樣寫：「我準備不使其再擴大」。我讀完它之後，對南陸相說：「已經發生的事是沒辦法，但說是準備要怎樣是不行的，而應該保證絕對不使其再擴大」。南陸相說：「請稍等一下」，拿著字條離開了座位。一會兒，他又拿回來了加上「要保證」等字樣的那張條子，至此，各閣僚才放心；外務省始得打電報給國際聯盟的日本代表以事件的來龍去脈。但中國方面卻早已向國際聯盟控訴這個事件，並開始攻擊日本，日本代表則因爲爲不知詳情，而無從作答，束手無策，徒等著日本外務省去電。

中國向國際聯盟提出控訴

在這過程中，由南京的重光（葵）公使（譯註三）來了電報。它說，事件一發生，他便去見中國——財政部長宋子文，提議「這種事件如果不趕緊解決，將有許多障礙而會更加麻煩。我們應該立刻派調查員到現地。並由我們兩國人討論解決這個問題」，宋子文欣然接受了他的提案。雖然沒有接獲政府的訓令，我們已經談到此種地步云云。我非常高興，遂把這些話轉告南陸軍大臣，並上奏日皇之後，對重光公使發出「很好。請努力促其實現」的勉勵電報，而寄予重光、宋子文的交涉，以一線的希望。

可是，我所等待著的重光公使的電報並沒有來。過了一陣子的來電卻說，據宋子文答稱，本來他也是希望直接交涉以解決問題的，惟中國政府已把它提到國際聯盟去了。中國的大官們認為，以國際聯盟的勢力來壓日本比較有效，因而決定不與日本直接交涉，所以宋子文已無法跟他直接交涉。

於是，我請來中國公使蔣作賓，並對他說：「據說，貴國把柳條湖事件控訴到國際聯盟，這是大意的，在聯盟席上，不知道東方情形的國家討論，實有如辯論比賽。若是，任何國家都不能承認自己的錯誤。他祇有為自己國家辯護，而作逞強的演說。如果這樣，就不能解決問題。我覺得，由中日兩國直接交涉最好。國際聯盟憲章規定，此種事件要提出聯盟控訴，應該盡一切外交手段爾後乃可。未盡外交手段就提出聯盟是不應該。在未使其成爲國際間的問題以前，由具有直接利害關係的兩國代表，面對面，心對心交涉，我相信無事談不成。

我跟蔣公使，自下午五點談到八點鐘左右。蔣公使說：「我明白了。這是對的」而回去。他似乎打了很長的電報。可是以後，我一再地邀約蔣先生，但他卻不來。好像斷絕了來往的樣子。後來我纔知道，中國政府暫時不許他跟我會面。

不久，在赤坂離宮舉行了觀菊御宴，各國使節都受到招待，蔣作賓公使也來了。我跟蔣公使一握手，一些中國人便走過來，似監視著我與蔣公使的交談。如果我跟蔣公使談到九一八事變，似會使他困擾，所以我故意跟他談與公務毫無關係的中國書道。這些中國人覺得我們的話沒什麼，遂走開。……

若槻首相欲請罪

如上所述，由於陸軍保證不使其再擴大這個事件，因此遂電告國際聯盟的日本代表，令他可以在聯盟大會席上如此聲明；但在事實上，戰局卻連續不斷地擴大，從長春往東方，由奉天往西方進兵。因之，閣議每每發生糾紛，南陸相爲各閣僚所圍攻，搞得他滿頭大汗。

旋即引起朝鮮軍的越境事件。由於關東軍如此這般地亂擴大戰局，所以便不夠兵力。日本政府採取不擴大方針，關東軍則隨便擴大，故自不能請國內出兵。於是關東軍司令官本庄繁上將（譯註四），也就向朝鮮軍司令官林銑十郎上將（譯註五）請求援兵。因之朝鮮的師團遂越出國境，進入滿洲，參加戰鬥。

本來，要把軍隊移動到國外，是件非常重大的事，它得事先經過日皇的批准。因爲未經這種手續，在政府不知不覺之中，就隨便出動，因此成爲大問題。在閣議席上，若槻首相、井上準之助（藏相，譯註六）等，都非常憤慨。

南陸相說：「無論如何，我得向天皇請罪。我要進宮去請罪」；隨即若槻氏說：「陸軍大臣請罪還不夠，我去請罪」，而進宮去了。

越境問題這樣告了一個段落。雖然有人主張撤回出動去的軍隊，但這還是有問題。結果大家承認了既成事實。但隨朝鮮軍的出動，增加了兵力，故現地的戰局便日趨擴大。

出兵錦州與奉勅命令

過幾天，從奉天來電報說，日軍往錦州出發了。錦州靠近山海關。在滿洲的戰鬥，已經受到列國的猜疑。所以現在如果往錦州進兵，其情勢將迅速地惡化。我很著急，因此遂去找南陸相。可是南陸相好像到箱根去了，不在家。那天記得是星期六，隔天是大節日。我告訴其家人，南陸相回來的時候，請他們即時告訴我，第二天早上，來電話說已經回家了。我立刻去找他，並問他有關錦州的事。他說：「我並沒有接到（軍隊）開往錦州的電報，稍等一下」，而給參謀總長打了電話。參謀總長說他也不知道。當時的參謀總長是金谷範三上將（譯註七），在這電話中，金谷答說：「我雖然沒有接到電報，但部長或者課長常常以其本身責任處理電報，所以唯有看完了這些電報才能知道其詳細。我來查查看」。

那天是大節日，晚間在皇宮有儀式。我已告訴不出席，南陸相穿上大禮服，並對我說：「現在我要進宮，詳情參謀總長會跟你聯絡」而出去。

我在辦公廳呆得很晚，但毫無動靜。迨至晚上十一點鐘左右，纔來電話，參謀總長說：「找了很久，都沒找到所需的文件。我再找找看，然後再給你聯絡。」

翌晨，參謀本部的副官來看我說：「參謀總長進宮晉謁天皇，並獲得要把出動到錦州的部隊，全部撤回到奉天的勅許命令。所以這些部隊是會撤回的」。於是我鬆了一口氣。

後來聽說，那些部隊的年輕軍官，因爲憤慨，而亂破壞物品，大鬧情緒。但金谷參謀總長還是毅然決定採取舉凡反抗奉勅命令者，將統統以叛徒處分的態度，因此他們纔乖乖地回到奉天。

遠東的危機

關於這件事，還有一段插曲。美國駐奉天總領事曾向其國內打電報報告說，很奇怪，日軍進兵錦州以後，大概因爲東京來了命令，又全部撤回去了。而在美國，人們卻說這是外務大臣幣原的功勞。但這不是我的功勞，而是金谷參謀總長自己負起責任所幹的功勞。

這在前面我已經說過。此時，美國國務卿史汀生（譯註八）發表了一本著作叫做「遠東的危機」，是有關九一八事變的書。此書好像銷路不錯，但我自己卻是本書的被害者之一。我跟史汀生，祇在他來東京時見一面，所以不算怎麼親密，但在其所著，他卻大捧著我。惟他捧錯了。

史汀生著「遠東的危機」，大致這樣寫著：

中國把九一八事變提到國際聯盟。在理論上，美國不是國際聯盟的會員國，而是觀察員。因此美國國務院對這個事件並不積極。爾後發生日軍撤兵錦州的事件。這是外務大臣幣原促成的。拉住野馬般之陸軍的幣原眞是膽大。史汀生高估了這一點，因此對日本便努力於不採取高壓手段，俾使幣原在其國內不會降落其權威。惟及至十二月，幣原辭職了。由於史汀生非常憤慨，決心積極對付日本，因之掛電話給英國的外務大臣，告訴他美國將澈底攻擊日本在滿洲的行動。……

而在實際上，史汀生曾對中日兩國政府，發出美國不承認爾後之新局勢的通牒，是爲所謂史汀生的不承認主義。

【譯註一】南次郎（一八七四——一九五五），陸軍上將。陸軍士官學校、陸軍大學畢業。曾任參謀次長、朝鮮軍司令官、陸相、關東軍司令官和朝鮮總督。戰後被判處監禁終身。

【譯註二】若槻禮次郎（一八六六——一九四九），松江市人，政治家。東京大學畢業。曾任大藏次官、大藏大臣和兩度首相。有「古風庵回憶錄」的著作。

【譯註三】重光葵（一八八七——一九五七），大分縣人，外交官。東京大學畢業。曾任上海總領事、駐華公使、外務次官、駐蘇大使、外相。戰後代表日本政府在密蘇里艦上簽署投降文書。又，一九三二年，在上海參加日皇生日慶祝會時，被韓國人尹奉吉投擲炸彈，負重傷，割掉右大腿的一部份。

【譯註四】本庄繁（一八七六——一九四五），兵庫縣人，陸軍上將。陸士、陸大畢業。曾任張作霖軍事顧問、中國公使館武官、九一八事變當時的關東軍司令官、侍從武官長，戰後那年的十一月自殺。

【譯註五】林銑十郎（一八七六——一九四三），石川縣人，陸軍上將。陸士、陸大畢業。曾任朝鮮軍司令官、陸相和首相，但任首相祇有四個多月。

【譯註六】井上準之助（一八六九——一九三二），銀行家、政治家、大分縣人。東京大學畢業。曾任日本銀行總裁、大藏大臣。一九三二年，被右翼份子暗殺。

【譯註七】金谷範三（一八七三——一九三三），大分縣人。陸軍上將。陸士畢業。曾任第一八師團長、參謀次長，朝鮮軍司令官和參謀總長。

【譯註八】史汀生（H. L. Stimson, 1867—1950），美國的政治家，曾任陸軍部長和國務卿。

註：本文原作者幣原喜重郎（一八七二——一九五一）是大阪人，東京大學畢業。曾任駐美大使和外相，戰後出任首相和衆議院議長。九一八事變當時是外相。本文譯自幣原著「外交五十年」一書。

（原載民國七十三年九月十八日「台灣日報」）

附錄一：九一八事變日軍編成

關東軍軍司令官　本庄　繁中將（1931年9月18日）

參謀長　三宅光治少將

- 第2師團
  多門二郎中將
  參謀長
  上野良丞大佐
  （仙台）
  - 步兵第3旅團
    長谷照俉少將
    - 步兵第4連隊（仙台）
      （大島陸太郎大佐）
    - 步兵第29連隊（若松）
      （平田幸弘大佐）
  - 步兵第15旅團
    天野六郎少將
    - 步兵第16連隊（新發田）
      （濱本喜三郎大佐）
    - 步兵第30連隊（高田）
      （坪井善明大佐）
  - 騎兵第2連隊
    （若松晴司中佐）
  - 野砲兵第2連隊
    （河村圭三大佐）
  - 工兵第2大隊第2中隊
    （花井京之助大尉）

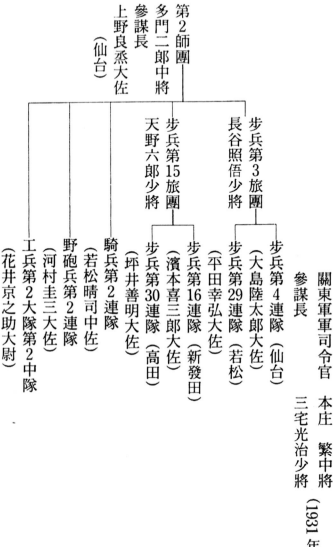

獨立守備隊
森　連中將

- 獨立步兵第1大隊（小河原浦治中佐）
- 獨立步兵第2大隊（島本正一中佐）
- 獨立步兵第3大隊（岩田文男中佐）
- 獨立步兵第4大隊（板津直純中佐）
- 獨立步兵第5大隊（田所定右衛門中佐）
- 獨立步兵第6大隊（上田利三郎中佐）

第2遣外艦隊
津田靜枝少將
旗艦・球磨

- 第16驅逐隊（刈萱・芙蓉・朝顔）

〈1931年9月19日派遣〉

（朝鮮軍・軍司令官　林銑十郎中將）

混成第39旅團
嘉村達次郎少將

- 步兵第77連隊（平壤）（中島鐵藏大佐）
- 步兵第78連隊（龍山）（山縣樂水大佐）
- 騎兵第28連隊第2中隊（澁谷順造大尉）
- 野砲兵第26連隊（池野松二大佐）
- 工兵第20大隊第1中隊（石桁和郎大尉）

第20師團司令部（龍山）

師團長　室　兼次中將

參謀長　森　五六大佐

（1931年12月27日派遣・混成第39旅團歸第20師團指揮）

〈1931年11明11日派遣〉

- 混成第4旅團 鈴木美通少將
  - 歩兵第5連隊第2大隊（嵯峨亮吉少佐）
  - 歩兵第31連隊第2大隊（田邊助友少佐）
  - 歩兵第17連隊第3大隊（田上八郎少佐）
  - 歩兵第32連隊第2大隊（横澤榮次郎少佐）
  - 騎兵第8連隊第2中隊（戒田達一大尉）
  - 野砲兵第8連隊第1大隊（小嶋好信少佐）

- 直轄部隊
  - 飛行隊長 長嶺龜助大佐
    - 飛行第6大隊第1中隊（轟炸機）（藤井兵四郎少佐）
    - 飛行第7大隊第3中隊（轟炸機）（本田農少佐）
    - 飛行第8大隊第1中隊（偵察機）（神津幸右衛門少佐）
    - 獨立飛行第8中隊（平田辰男少佐）
    - 獨立飛行第9中隊（竹內貞郎中佐）
    - 獨立飛行第10中隊（戰鬥機）（河井田義匡大尉）
  - 臨時野戰重砲兵大隊（山村新中佐）

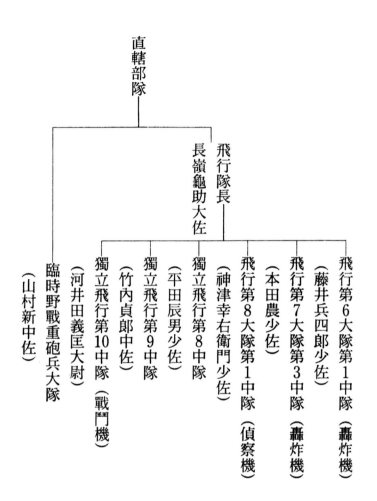

〈1931年12月17日派遣〉

混成第8旅團
村井清規少將

- 步兵第39連隊第3大隊（小林操少佐）
- 步兵第40連隊第1大隊（宮崎富雄少佐）
- 步兵第10連隊第2大隊（山本準一少佐）
- 步兵第63連隊第3大隊（船津萬六少佐）
- 騎兵第10連隊第2中隊（不破直治大尉）
- 野砲兵第10連隊第1中隊（門司藏六大尉）
- 工兵小隊（小杉義藏少尉）

〈1931年12月27日派遣〉（臨時編入　第20師團）

步兵第73連隊（羅南）
（鶴見俊太郎大佐）

步兵第76連隊（羅南）
（戶波辨次大佐）

混成第38旅團
依田四郎少將

騎兵第27連隊
（古賀傳太郎中佐）

野砲兵第25連隊第2大隊
（中林袈裟吉少佐）

工兵第19大隊
（佐藤高安大佐）

〈1932年4月5日派遣〉

- 第8師團
  西義一中將
  參謀長
  小林角太郎大佐
  （弘前）
  - 步兵第4旅團
    鈴木美通少將
    - 步兵第5連隊（青森）
      （谷儀一大佐）
    - 步兵第31連隊（弘前）
      （安川三郎大佐）
  - 步兵第16旅團
    林　茂清少將
    - 步兵第17連隊（秋田）
      （佐藤文二大佐）
    - 步兵第32連隊（山形）
      （佐藤正三郎大佐）
  - 騎兵第8連隊
    （三宅忠強中佐）
  - 野砲兵第8連隊
    （廣野太吉大佐）
  - 工兵第8大隊第1中隊
    （小泉於菟彌大尉）

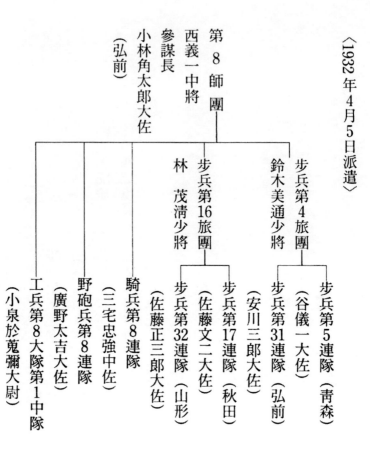

- 第10師團
  廣瀨壽助中將
  參謀長
  平野博大佐
  （姬路）
  - 步兵第8旅團
    村井濟規少將
    - 步兵第39連隊（姬路）
      （舟橋茂大佐）
    - 步兵第40連隊（鳥取）
      （岡村元大佐）
  - 步兵第33旅團
    中村清少將
    - 步兵第10連隊（岡山）
      （入見順士大佐）
    - 步兵第63連隊（松江）
      （中村音吉大佐）
  - 騎兵第10連隊
    （松田仁三郎大佐）
  - 野砲兵第10連隊
    （谷口元治郎大佐）
  - 工兵第10大隊第1中隊
    （小室鍾太郎大尉）

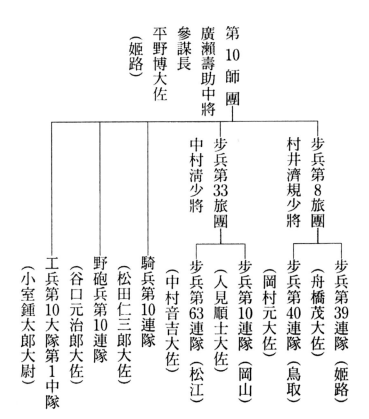

〈1932年4月30日派遣〉

- 第14師團　松木直亮中將
  - 參謀長　大串敬吉大佐（宇都宮）
  - 步兵第27旅團　平松英雄少將
    - 步兵第2連隊（水戶）（田中靜壹大佐）
    - 步兵第59連隊（宇都宮）（宮村俊雄大佐）
  - 步兵第28旅團　平賀貞藏少將
    - 步兵第15連隊（高崎）（甘粕重太郎大佐）
    - 步兵第50連隊（松本）（岡原寬大佐）
  - 野砲兵第20連隊第1大隊（平山興示郎少佐）
  - 工兵第14大隊第2中隊（熊澤忠喜大尉）
  - 輜重兵第14大隊第4中隊（江田直文大尉）

（錄自每日新聞社「日本之戰史」②「滿洲事變」）

附錄二：九一八事變的經過及其責任

(1)九一八事變之經過情形（榮臻參謀長報告）

1. 信號　二十年九月十八日晚十時許，瀋陽東北方向，忽聞爆發聲音，全城地為之震，此即日軍自己炸破其南滿本線柳條溝（湖）附近鐵道之工作也，繼而砲聲續起，槍聲更烈，其實日軍於事前，已將其暴動之軍隊，處置妥當，各向指定地點，取包圍式，一聞此信號，即開始軍事行動矣。

2. 報告張副司令　信號聲音爆發後，余（榮臻自稱）即電話詢問各方，得知日軍襲擊北大營，當即向北平張副司令，以電話報告，並請應付辦法，當經奉示，尊重國聯和平宗旨，避免衝突，故轉告第七旅王以哲旅長，令不抵抗，即使勒令繳械，佔入營房，均可聽其自便等因，彼時，又接報告，知工業區迫擊砲廠、火藥廠，均被日軍襲擊，當時朱光沐、王以哲等，又以電話向張副司令報告，奉諭，仍不抵抗，遂與朱光沐、王以哲同到臧主席宅研究辦法，決定無論日軍行動如何擴大，攻擊如何猛烈，而我方均持鎮靜，故全城商民軍政各界，均無抵抗行爲。

3. 與日領交涉情形　當砲聲起時，余即電請臧主席派員向日本領事詢問，日軍此舉，是何用意，據云，該館亦正向該國駐瀋軍事方面詢問中，現時不能答覆，嗣又通告日領，望於五分鐘內答覆日軍行動眞意，逾時，將由我方通告各國領事，不能負保護外僑之責，日領請再容五分鐘內答覆，但經過一小時，未得答覆，彼時日軍已佔領商埠地，攻入小西關，處處奪掠，不可遏止，又用電話催問日領，答云，軍人行動，領事無權限制，只好請其軍事當局，設法制止，故華方即將日軍情形，通告各國領事，至十九日上午二時，各關已被日軍佔領，當又由交涉員轉詢他國領事，均揣度云，日軍決不敢入城，但至三時後，日軍即攻小西門及西南城角，登牆開始射擊入城矣。

4. 佔領商埠地及西關之大砲聲　十八日夜十一時許，日站有汽笛聲長鳴，於是日軍攻擊北大營更烈，而日站亦發野砲，向瀋陽城東兵工廠，及山咀子講武堂，北大營及無線電臺，彈藥庫一帶射擊，同時日軍亦侵入商埠，槍聲大作，依次將大小西邊門各警察所佔領，各警士被殺傷者甚衆，雖我方不抵抗，而其槍砲聲仍不稍停

5. 攻擊小西門及開城　十九日早二時，又有重砲聲，自西關高臺廟滿鐵倉庫附近發射，城內居民頗爲警駭，繼而大小西關槍聲四起，北大營之火力亦甚烈，蓋日軍以華方不抵抗，瀋陽垂手可得，遂近逼城下，至四時天將拂曉，日軍竟由城西南角牆壞處登牆入城，以機關槍掃射，

遂將無線電臺佔領。

6. 電信不通　當日軍佔領無線電臺時，所有電報及長途電話等，已被破壞不通，瀋陽對外消息，完全斷絕，余不得已，乃用小型無線電機，將電發出。

7. 日軍攻擊北大營之經過　十八日晚十時許，日軍聞信號後，由營垣西北角，向第六二一團各營院內進攻，移時，即以手槍手榴彈等任意放擲，傷亡頗衆，十一時，日軍將該團第一營之營房舉火焚燬，十一時三十分，日軍由營垣西南隅躍進，並以砲火連續射擊，迄今十九日早二時許，日軍以大部，由營垣西南北三面進佔營堤，同時第六二零團之院內，均有日兵衝入射擊，移時第七旅旅部，及第六一九團附近，均有日軍以機槍射擊及手榴彈投擲，因不准抵抗，相繼避退，一時呈混亂狀態，並各特種部隊人員，紛紛向東避退，至四時，第七旅尚有第六二零團王團長鐵漢，督屬收容，以一部掩護，及至七時三十分，該團破出重圍，繼續向東山咀子撤退，此時日軍見第七旅退去，則繼續縱火焚燒營房，竟日未絕。

8. 佔領邊防公署，及軍民各機關　十九日早六時三十分，日軍一排約三十餘，由小西門入城，由指揮者抄搜帥府及邊防軍公署，未幾有步兵及裝甲車相繼入城，佔領東三省官銀號，中交邊業各銀行，及遼寧省政府等處。

9. 屠殺警察及民衆，並搜查民宅。當時商埠地及工業區大小西關各地警察，及無動作之居民，被殺者甚衆，前口北鎮守使韓雲鵬，即於此時，在淩格店前遇難，至北大營傷亡之華方官兵，更不下數百名焉，日軍既已佔領瀋陽，遂向當局者各私邸，施行嚴密搜查，將貴重物品，席捲一空，並有擄去老幼人口者。

10. 佔領兵工廠及航空處等　兵工廠、糧秣廠、航空處、並各倉庫、彈藥庫、講武堂本校、及各班隊，均於十九日午前八時至九時，先後佔領，同時長春、營口、安東、及安奉沿線，亦均被日軍佔領。

11. 日司令官本庄繁佈告　本庄於十九日上午十一時，由旅順偕其幕僚及步兵第三十聯隊，到瀋陽，張貼佈告，略謂因北大營華軍破壞南滿鐵道，故實行出兵，擊滅舊政權，倘有妨害日軍行動、槍殺等語。

12. 瀋陽無政府狀態　日軍佔領瀋陽，各機關人員均被驅逐或逮捕，任意槍殺人民，當時遂陷於無政府狀態，商民不肯交易而逃難平津者，紛紛載途，大有爭先恐後之勢。

13. 佔領瀋陽之日軍隊號　爲第二師團之第二十九聯隊，並第十六聯隊，及後續第三十聯隊，其他多爲在鄉軍人，及在瀋韓僑等，臨時招集編成者，共約五千人。

14. 十九日，余及臧主席一再向日本領事館探詢眞意，日方聲言司令官到後，方有辦法，嗣本庄到瀋，又聲言對在瀋軍政當局，不能談判，至是，則瀋陽完全歸日人宰割矣。

15. 九一八事變時，北大營被佔經過（王旅長報告），九一八夜十時許，日兵於營西北旺官屯附近降車後，車即北退，未久即聞營西南方轟然一聲，似地雷爆破之音，同時北大營西方圍牆附近，以及南方各村落即有連續之槍聲，步兵七旅以數日來，日兵恆於夜中放槍擾亂，已非一次，故靜肅未動，未幾步兵六百二十一團之營院內，竟被多數日軍侵入，華軍因恐惹起國際交涉，故令兵士，不得擅動，士兵各持槍實彈，怒目欲裂，狂呼若雷，群請一戰，甚有抱槍痛哭者，揮拳擊壁者，猶能服從長官命令，不還一彈，詎意日兵入營院，即大施慘殺，槍駿齊發，官兵受其傷害者甚多，斯時七旅旅長王以哲，正出席距營五英里之同澤俱樂部，水災救濟會中使用電話請示方策，即指示不得抵抗，先退出兵舍，齊集某營前大操場待命，而日軍更用機槍射擊，此時電話不通，乃退避北大營東端二臺子附近集合，以觀究竟，旋見北山彈藥各庫，被彈轟炸，營內火光四起，時已至十九日上午六時，日軍更依東營垣，向我軍射擊，不得已，乃向山咀退去，而日軍，更節節進逼，遂向東陵方向前進，於十九日上午八時，方集結於東方森林地內，檢查人員，得悉斯役，步七旅死亡官長五員，士兵夫一百四十四名，負傷官長十四名，士兵夫一百七十二名，統計傷亡官士兵夫三百三十五員，士兵失蹤生死不明者，四百八十三名。

附：日軍攻擊北大營及華軍未抵抗退出之經過要圖

⑵九一八事變之責任者

察事變前，日本軍部之布置與挑戰行爲，事變時經過情況，任何人，均深知爲日本軍部計劃的行爲也，當然由日本政府負其全責。事變後，直迄今日，中國步步退讓之經過，更足證吾人之遵守國際公約，維護和平之不暇，何啓釁之足云，茲分別如左：

1. 中國無戰爭意思，中國水災難民數千萬，衣食待賑，正救濟之不暇，無啓外釁之可能。中央政府，改造方殷，二十年革命破壞後之建設，正待施行，全國兵工廠，除東北外，均已停工至今，張學良病臥北平協和醫院，故政府及東北首領，均無啓外戰之意志，其次，東北步兵七旅旅長，事變時，尚在商埠地之同澤俱樂部開水災救濟會，由是得知旅長之不知此事變，倘旅長早知，當然在營指揮之也，七旅士兵，束手被殺者甚多，何日軍之死傷僅一二人，由此知爲日軍之片面攻擊，華軍未抗而退者可知，華軍平時即力避衝突之不暇，當然無啓釁之可能，倘由華方啓釁，何毫未向日軍攻擊之耶？事變經過，及事後直迄今日，中國之退讓，尊重國聯決議精神，益足證華軍無攻日軍之意矣，故日方宣稱華軍破壞鐵道，攻擊守備隊之爲虛僞，不言可喻矣。

2. 爆破地點，鐵路爆破地點，據日方宣稱，係爲瀋陽北柳條溝之南滿鐵路之一軌道被炸壞，試思倘華人破壞，當然爆破雙軌，何僅壞其一，此可注意者一，地點適在北大營附近，倘華人欲破壞其鐵路者，當然向滿鐵各線多數有價值之橋樑隧道爲之，決無輕於營旁，自啓釁端，而惹起重大交涉，設有此舉，則當然覺悟其責任之重大，徹底爲攻擊之行動者明矣，何毫無抵抗而即退去也耶？況此種地點，戰術上，戰略上毫無價值之可言者乎，同時，此地爲日本守備隊常期巡守之地，其附近並有堡壘之存在，華人之不得近接該處也明矣，故即此一點，亦足證日軍之自行爆破鐵路也。

3. 事變前，日本守備隊於鐵路兩側，構築各個射散兵壕掩體，演習時，即以北大營、兵工廠、奉天城之包圍爲目標。

4. 事變爲九月十八日夜之十時半，原因責任，尚在待證之中，而九月十九日朝九時，日本軍部，竟以本庄繁名義，張貼石印之佈告，逕指爲華軍之破壞鐵路，攻擊守備隊，且謂即行掃滅東北舊軍憲，並建設新政權之意，何事變後數小時內，日軍於多忙之中，竟得此神速之判斷，並伸述其主張，印刷張貼，令人不解，倘非事前有準備何能如此迅速，故即由此張佈告視之，亦可證其爲計畫的行爲也。

附：佈告文照片

日軍既以計畫的行之，其政府且狡然向國際宣稱僅係衝突之性質，並無戰爭之行爲，故毫無違反非戰公約之事可言等語，然觀其答覆西商之索飛機交涉文中，其關東軍參謀長，竟引用陸戰法規條文，沒收東北軍新購尚未付價之飛機，於此已自認爲戰爭行爲，尚何詞以辯之乎？

附：關東軍參謀長覆飛機商西人之文書照片

5. 第七旅六百二十一團三營衛兵報告，九月十八日夜十時許，有日本守備隊乘壓道車於旺官屯附近降車，此亦足證明其爲計畫的行爲也。

6. 日本各新聞記事，載有王旅長訓令記事，「日午前二時緊急集合，課目自定之」等語，指爲破壞鐵道之指令，殊不值識者一笑，其爲某日尚燒缺而未明，益足證日人之誣僞。

7. 事變時，中國榮參謀長，以電話詢問日本駐奉天總領事，答以候五分鐘答覆，五分後更問之，要求十分鐘後再答，十分後，亦無答覆，一點鐘後，答以外交官不能制止軍人行動，並日軍決不進城，結果，則反之，其爲詭辯也明矣。

8. 爆破地點，禁止參觀，事變後，多日禁止任何人參觀爆破地點，Henry Buxton White 氏通信記事中詳記該氏等前往被拒之經過，而華方記者（如國聞週報記者記事，詳國聞週報第八卷第三十八期遼吉被佔紀實文內），亦有同樣之被拒之事實，倘係華方爆破滿鐵者，日本當然歡迎招待各國人士參觀，以便爲其證明，而日本反是，則其禁止前往者，其理由安在？豈其自造之僞證，尚未完善乎？日軍謂有危險，然華軍未抵抗，早已退至遠方，僅日兵守之，危險之意義云何，吾人不得而知矣，即此拒絕參觀之點，亦足證其自造僞證也。

9. 十時三十分抵奉天（由長春發）之列車，按時到站，何爆破後，列車尚得安然通過乎？

10. 事變前，日本守備隊，曾購置中國軍衣二千套，用載重車運至奉天日本兵營。

11. 日本學者，公然宣講承認，爆破鐵路係日本守備隊之行爲。

(1) 橫田喜三郎（東京帝國大學教授法學博士）十月十五日於帝大講堂，稿譯另章。

(2) 中野琥逸（係奉天自治指導部，奉天市政公署最高顧問）於滿蒙獨立建國論序文中，有造今回事變之原因者，事實爲日本之所爲，毫無疑義等語。

(3) 高木翔之助（日本國民外交協會書記長）於其自著之滿蒙獨立建國論自序文中，有日本軍人已將滿洲爲軍事的破壞，吾人應即起實行建設新國家事業等語。

(4) 吉野作造（日本法學博士）係前日本中央公論主筆，爲日本名士，記者友人，曾於事變後，訪問於其東京私邸，即以事變眞相，並歷陳證據，證明鐵路爆破確係日本守備隊之行爲時，被答，此中內幕，確如貴談，然內田滿鐵總裁，已照實報告政府，同時外務省接各方外交官之報告，亦知事變爲日軍計畫的行爲也，故幣原外相，屢與南陸相，閣議衝突者，亦爲此也。

其他多數日本名士，及智識階級，多知事變係日軍之所爲，此不過僅舉其一例已耳。

12. 日人除政府以國家責任關係，詭辯不肯承認外，多數國人，均知其軍部自破其鐵道，藉爲口實，至日政府高唱之滿蒙懸案問題，更不足爲軍事佔領之口實，因日政府宣佈之五十四案，多係日本違法違約，最大者爲吉會路舖設案，一九一八年商訂合同，日要求任日人爲運輸會計兩主任，超越條約，我未允，一九二八，已修吉敦一段，我無違約，又打通吉海，梅西，指爲有損滿鐵利益，藉口一九〇五會議錄之並行線，查一九〇八日使照會主張並行，以百華里爲競爭範圍，而打通等路，最近者，亦在二倍以上，次爲商租權，根據一九一五年北京廢約，指「萬寶山事件，未經華方許可，強掘民田，驅殺華人」爲違約。故日本之所謂違約案件，本無理由可言，所有相當理由，亦應以國際正當手續行之，無軍事佔領之必要，顯然違背國際公約者可知。

13. 中村事件，日本軍事密探，以黎明學會幹事，農學士中村震太郎之日本護照，且潛入禁止旅行軍事區域，衛戍者，自有盤查監禁之權責，而中村等，竟於夜間破營脫逃，守衛兵追捕時，開槍威嚇，誤殺之，此亦爲緊急時不得已之行爲。然此事件，自華方論之，本無屈可言，爲顧全兩國國交計，誠意接受日本要求，正擬正式談判時，日軍竟誣以鐵路破壞爲口實，而實行軍事佔領矣。是中村事件，與此次事變無關也，明矣，即有相當要求，亦應以外交手續行之。

14. 事變後，日本官民，共同以建滿蒙獨立國，爲最良機會，乃以中國賣國者爲傀儡，積極組織，使脫離中華民國而獨立，以遂其吞併朝鮮之故智，由此可知事變之發生，意義重大，明示其爲計畫的行爲，非一局部衝突，可知也。

15. 排日排貨問題，日本乘歐戰方殷，世界無暇爲公理裁判之時，以最後通牒，強訂欲吞併中國之二十一條條約，其後山東出兵，引起濟南慘案，最近更於朝鮮指使鮮人，慘殺華人百數十名更肆行無忌，強佔東三省。如此尚令被侵略者，和悅親善，爲人類之所不能，故如欲停止排日行爲，須侵略者變更其野蠻壓迫，誠意合作，方可有濟，否則倒因爲果，吾知其不可能也。

16. 日人宣唱，於滿洲曾流十萬人碧血，二十億元之投資。關於此點，日人秦生所著之滿洲事變眞相文中，亦曾論及日人之不當，吾人復爲介紹其意以代反駁，文爲日本於日清日俄兩戰役，乃爲主張正義，完成國防，不僅要求朝鮮獨立之確保，且亦爲保持和平耳，試觀日俄將戰之前，日本致俄國之通牒如次：

(1)尊重清韓兩國之獨立，及領土之保全，對於兩國之商工業，守互惠主義。

(2)俄國承認日本在朝鮮之卓越利益，日本承認俄國有在滿洲經營鐵道之特殊權利。

等全部四條。

於此可知，日本當時之要求，僅爲保存朝鮮之獨立，及日本於朝鮮有卓越利益而已，對於滿洲固未有何等之用意也明矣。幸以戰勝之故，遂得繼承俄國在滿之利益，然亦有一定條約年限者也。

撫順煤礦，滿鐵會社等之各種事業每年純利之享有，達五六千萬元，此爲出兵當時，夢想弗及者，因彼時出兵，不過爲免除俄國之壓迫而已，今者不顧經濟利益，一味以侵略領土爲正當，危險殊多也。

17.

歐洲大戰中比利時之國土全部，被德軍佔領數年之久，法國領土，亦大部爲德軍侵略，竟由聯合軍手所奪回，而自事後迄今，比法兩國，並未聞予聯合國以何種特殊利益，所以如此者，蓋因有正義在耳，況日與俄戰，乃爲其自己之生存，其動機及行爲，固毫無爲清國奪回滿洲已失權利之意也，爲正義計，應將俄人之權利，交還中國，日本取之，已爲不義，何尚有十萬生靈二十萬投資之可言。其爲自身利，非吾人所敢深謝者也。

日人宣稱滿蒙爲其生命線，此說大爲荒謬，凡稍具常識者，均可知其無恥，國際上，絕無因自己資源之不足，則定須侵略他人爲合法之理，倘公平合理之貿易則可，強而取之，則不當，查日人常食者白米，而東省則產紅糧，此不足供其食用，並且日本平均年欠食糧不過二三百萬石，昭和六年全國農民大會，因食糧過剩，要求政府收買七百萬石，並商之中國，欲向上海廣東輸出大米，其餘而未闢之耕田尚多，但合理經營之，年尚可輸出一部，是其生存上最大問題之食糧，亦不成問題。反之，中國一九二八年，輸入大米一千二百六十五萬石，一九二九年輸入大米一千〇八十二萬石，麥粉六千四百海關兩，且滿洲並不以大米爲主要農產，因多乾田故也，日人之所謂生命線問題，令人難解也。石炭爲燃料之大宗，然日本內地石炭業，排斥滿洲煤之輸入，每年且由日本內地向中國輸出，故此亦不足爲生命線問題也。日本更唱爲其國防線，斯則固有相當價値，然未聞國際間，有此怪論，以他國之領土，爲自國之國防線，荒謬已極，同時滿洲爲中國東北屏藩，於國防上極關重要，焉能充敵之用，以常識衡之，知其無理也，故爲此等唱說，而爲侵略滿洲之行動，任何人者，知其不可也，此更不足爲事變之原因矣。

18. 以上略記諸節，足證日人所謂此次事變之遠因者，毫無思考之餘地，然日人所謂近因之由於破壞鐵道而起紛爭者，更足證日人之自欺欺人，察其事前之布置與挑戰行爲及其經過，便可知矣，故事變之責任，應由日本負之，勿待言也。

（錄自東北問題研究會出版「九一八事變眞相」一書）

附錄三：國民政府告全國國民書

——民國二十年九月二十三日

日軍在東三省暴行發生以後，我全國人民應取之態度，中央已有詳切之指示。國民政府今以政府目前應付本事件之經過，及政府對於國民之希望，撮其要略，以陳述於全國之國民。此次日本軍隊在東省之暴行，其性質之嚴重，為空前所未有。此種事變，實於我國全國之存亡有莫大之關係。當本月十八日日軍暴行開始之時，事前既無肇釁之事端，而其舉動且與國際慣例及任何條約衝突，乃竟公然侵佔我疆土，殘殺我人民，戮辱我軍政官吏，且繼續暴行，有加無已。日人所加於我國之侮辱，實為對全世界文明國家之威脅。國際聯合會之設立，本為防止戰爭，且謀合各國群力，以防止侵略。今茲事變起後，政府已立即將日人之暴行，報告於國聯，並要求第一步先使日軍立刻撤退。二十二日國聯行政委員會，開會對於停止軍事行動，及撤退軍隊已有決議，政府並已電請國聯行政會，一俟日軍撤退，應立即設法對此蠻橫事件，謀一正當之解決。深信此次事件，苟經一公平之調查，國聯本其應有之職責，必能與我以充分之公道，及合理之補救。政府現時既以此次案件訴之於國聯行政會，以待公理之解決，故已嚴格命令全國軍隊，對日軍避免衝突，對於國民亦一致誥誡，務必維持嚴肅鎮靜之態度。至對於在華日僑，政府亦嚴令各地方官吏妥愼保護，此爲文明國家應有之責任。吾人應以文明對野蠻，以合理態度顯露無理暴行之罪惡，以期公理之必伸。然爲維持吾國家之獨立，政府已有最後之決心，爲自衛之準備，決不辜國民之期望。時至今日，國內一切糾紛均應立時冰釋，全國同胞悉宜蠲棄私見，一致團結，群集於國民政府之下，爲國家謀安全，爲民族求獨立。全國同胞，尤應確認非擁護國家之統一，無以對外；斷不容以任何意氣情感，搖動中央所決定之方策與步驟，以影響一致救國之決心。攻府丁此困難艱鉅，承危處存亡絕續之關頭，惟當秉承中央方略，時刻注意，並隨時公開於國人之前。凡我同胞，其各信任政府，整齊步伐，一致聽中央之指導，誓死救國，以發揚我民族精神，湔洗我當前恥，此尤願與全國同胞共相警勉者也。

（錄自中華民國二十年九月二十四日出版國民政府公報第八八二號）

附錄四：外交部爲日本政府承認僞「滿洲國」事致日本政府抗議照會

——中華民國二十一年九月十六日——

自去年九月十八日之夕，日本軍隊按照預定計劃，突然轟擊瀋陽城以後，日政府著著進行，使東三省之局勢日趨嚴重。不僅中國主權受極度之蹂躪，即國際條約神聖之原則，亦爲之根本動搖，世界和平，亦遭悲痛之打擊。去年九月三十日，國際聯合會行政院之決議，促令日本政府不再使局勢愈趨嚴重，並應自其遼吉兩省所佔之地，將軍隊撤至鐵路區域以內，日本政府亦自己承認此決議。乃行政院決議甫經通過，日本軍隊立即隨之而擴大行動，進佔東北各省土地，包括齊齊哈爾及黑省內之其他重要城邑，十一月間，暴變發於天津，斯則天津日租界人員實有以引致之。

去年十二月十日，國際聯合會行政院，以日本之同意，重申誥誡，不許再行擴大局勢，並決議日本軍隊應及早撤至鐵路區域以內。日本政府對於此項決議，則報之以侵略更甚之活動，其範圍不僅限於東三省，且波及於離發難地點甚遠之區域，錦州、哈爾濱，及東省其他軍事要塞，均無不受日本軍隊之炸擊，最後乃至奪據而後已。本年一月終，劇烈之戰事行動起於上海，日本海軍陸戰隊，實爲戎首。日本竟增派陸軍至數師之衆，以致生命財產，損失無算。

日本既以武力掠據東三省之全部，乃從事於傀儡組織之製造，謚之曰滿洲國，而使溥儀爲之主。一切實權則操之於向東京政府負責之官吏之手。自是攫奪我鐵路，截留我關鹽及其他稅款，破壞我郵務，屠戮壓迫我人民，恣意毀滅我財產，以及其他一切非法行動，盡以滿洲國之名義行之。實則主之者，乃效忠日本政府或受日本政府所支配之人也。

日本在中國每次侵略舉動，中國政府無不向之提出嚴重抗議，喚起其對於自身所負重大責任之注意。無如日本對於此類抗議，非特漠然置之，反報之以侵略更甚之行動。世界各國，對於其用暴力擴展疆土之政策，亦曾一再予以警告。本年一月之初，美國政府曾正式宣佈，「美國不能承認任何事實的局面爲合法，……凡用違反一九二八年八月二十七日巴黎公約規定與義務之方法而造成之局面條約或協定，美國均不承認之。」二月十六日國際聯合會行政院十二代表宣言，「凡蔑視國際聯合會盟約第十條，而侵犯會員國土地之完整及變更其政治獨立者，其他會員國均不應認爲有效。」三月十一日國際聯合會大會一致決議，「凡用違反國際聯合會盟約或巴黎公約之方法而造成之局面，條約，或協定，國際聯合會會員國，有不予承認之義務」又「中日爭端，若在任何一方軍力壓迫之下覓取解決，實與盟約精神相違背。」

日本政府不顧及友邦之忠言與警告，不顧國際聯合會之決議與訓誡，不顧人類之公論，現更對於其黷武主義所產生之傀儡組織，悍然加以正式承認，並與之締結所謂條約，俾日本有駐兵東省之權，藉欲淪陷東三省於日本保護國之地位。

國際聯合會依照去年十二月十日行政院通過而經日本接受之決議所委派之調查團，以日本政府代表之協助，從事工作。今當該調查團工作甫竣，國際聯合會尚未加以討論之際，日本遽行承認僞組織，此項舉動，一面適足以增加其罪戾，一面無異對國際聯合會之權威，爲侮辱性之挑戰。殊不知國聯之判斷，必依眞理與公平爲歸宿也。

日本悍然施行其暴力的殘殺與征服的政策，其責任之重大，在近代國際關係之歷史上，罕與倫比。茲舉其犖犖大者如下：

㈠ 日本已違反國際公法之基本原則。蓋日本已破壞中華民國領土之完整，篡奪中國之政治與行政權也。

㈡ 日本已違背法律之初步原則與人道觀念。蓋日本已殺傷無數中國人命，毀損現時尚難統計之中國公私財產也。

㈢ 日本已違反國際聯合會盟約。蓋在該盟約中，各會員國曾擔任尊重，並保持所有聯合會各會員國之領土完整，及現有之政治上獨立，以防禦外來之侵略也。

㈣ 日本已違反非戰公約。蓋在該公約中各締約國，曾鄭重聲明，放棄以戰爭爲彼此間施行國家政策之工具，並互允各國間沒有爭端，不論如何性質，因何發端，祇可用和平方法解決之也。

㈤ 日本已違反民國十一年簽訂之九國條約。蓋在該條約中各締約國，除中國外，曾互允尊重中國之主權與獨立，以及領土與行政之完整也。

㈥日本已違反其自爲之誓約。蓋日本曾聲明在東省無領土企圖，且允於最速期間內，將日軍撤至鐵路區域內也。

㈦日本已違反國際聯合會歷次訓誡。蓋國際聯合會曾一再告誡日本，不得就其因侵略中國而造成之形勢，再使擴大與惡化也。

對於日本自去年九月十八日轟擊瀋陽城，至本年九月十五日承認僞組織所有一切侵略行爲，及其發生之任何結果。中國政府當令日本政府擔負完全責任。中國政府並保留其在現狀下國際公法與條約上所付與之權利。

(錄自中華民國二十一年十月出版外交部公報第五卷第三號三月來外交大事記「二十一年七月至九月」)

附錄五：偽「滿洲國」組織法

第一章 執 政

第 一 條 執政統治滿洲國

第 二 條 執政代表滿洲國

第 三 條 執政對全國國民負責任

第 四 條 執政由全國國民推舉之

第 五 條 執政得立法院之協贊以行使立法權

第 六 條 執政統督國務院以執行行政權

第 七 條 執政依據法律組織法院以執行司法權

第 八 條 執政為維持與增進公共之安寧福利或執行法律得頒發命令但命令不得變更法律

第 九 條 執政為維持公安或防遏非常之災害於不能召集立法院時可得參議府之同意而頒佈與法律同一效力之緊急訓令但須於下次會議中報告立法院

第 十 條 執政得制定官制任免官吏並定其俸給但依本法或其他法律所特定者不在此限

第十一條　執政有宣戰講和及締結條約之權

第十二條　執政統帥陸海軍及空軍

第十三條　執政有大赦特赦減刑及復權之權

第二章　參議府

第十四條　參議府以參議組織之

第十五條　參議府關於左列事項得提出意見以待執政之諮詢

一、法律　二、訓令　三、預算　四、與列國之交涉條約約束並以執政名義之對外宣言　五、任免重要官吏　六、其他重要國務

第十六條　參議府關於重要之國務對於執政得提出意見

第三章　立法院

第十七條　立法院之組織依法另行規定之

第十八條　凡法律案及預算案得經立法院之通過

第十九條　立法院關於國務得向國務院提出建議

第二十條　立法院得受理人民之請願

第二十一條　立法院每年由執政召集之常會會期為一個月但遇必要時得由執政延長之

第二十二條　立法院非議員總數三分之一以上之出席不得開會

第二十三條　立法院之議事須出席議員半數以上之表決可否同一票數時得由議長決定之

第二十四條　立法院之會議完全公開但由國務院之要求或立法院之決議得召集秘密會議

第二十五條　立法院所通過之法律案及預算案經執政之批准得公佈施行之立法院否決法律案或預算案時經執政提出理由得予以再議如須改正時得諮詢參議府以裁決之

第二十六條　立法院議員關於院內之言論及表決對院外不負責任

第四章　國　務　院

第二十七條　國務院承執政之命以掌理一切行政事宜

第二十八條　國務院設民政外交軍政財政實業交通司法及文教各部

第二十九條　國務院設國務總理及各部總長

第三十條　國務總理及各部總長任何時均得出席立法院並得發言但不得參加表決

第三十一條　關於法律訓令及國務之敎書由國務總理副署之

第五章　法　院

第三十二條　法院得依據法律而審判民事及刑事訴訟但關於行政訴訟及其他特殊之訴訟另律規定

第三十三條　法院之構成及法官之資格另律規定

第三十四條　法官獨立行使其職務

第三十五條　法官除受刑事或懲戒之裁判外不得免其職務如不得其同意不得停職轉官轉所或減俸

第三十六條　法院對審判絕對公開但遇危害安寧秩序或傷害風化時得根據法律或法院之決議而停止公開

第六章　監　察　院

第三十七條　監察院得執行監察或審計事宜關於監察院之組織與職務另以法律規定之

第三十八條　監察院設置監察官及審計官

第三十九條　監察官及審計官除受刑事裁判或懲戒處分外不得免其職務如不得其同意不得停職轉官或減俸

附則

第 四 十 條　本法於大同元年三月九日施行之

（錄自中華民國二十二年四月一日出版「滿洲僞國」一書）

附錄六：偽「滿洲國」重要偽官表

國務總理	鄭孝胥
民政部總長	臧式毅
外交部總長	謝介石
軍政部總長	張景惠
財政部總長	熙　洽
實業部總長	張燕卿
交通部總長	丁鑑修
司法部總長	馮涵清
文教部總長（兼）	鄭孝胥
奉天省長	臧式毅
吉林省長	熙　洽
黑龍江省長	程志遠

立法院院長	趙欣伯
監察院院長	于冲漢
最高法院院長	林　棨
最高檢察廳廳長	李　槃
參議府議長	張景惠
副議長	湯玉麟
參　議	張海鵬
參　議	袁金鎧
參　議	羅振玉
參　議	貴　福
參　議	築紫熊七
執政府秘書處處長	胡嗣瑗
秘書	萬繩機
同	商衍瀛
同	羅福葆
同	許寶衡

同		林延琛
內務處處長		寶　熙
內務官	特任	張燕卿
同	特任	金璧東
同	特任	王季烈
同	特任	濟　煦
同	特任	王大忠
同	特任	商衍瀛
同		小平總治
諮　議		中島比多吉
警備處處長		佟濟煦
侍從武官長（兼）		張海鵬
國務院秘書官		鄭　垂
同		鄭　禹
同		上野巍
總務廳總務長官		駒井德三

總務次長　理事官　阪谷希一
秘書官　須崎治平
秘書處處長　理事官　皆川豐治
人事處處長　理事官　迫喜平次
主計處處長　理事官　松田令輔
需用處處長　隈元　昂
法制局代理局長　松木　俠
統計處處長　向井俊郎
興安總署總長　齊默特巴木丕勒
次　長　菊竹實藏
總務處處長　白濱晴澄
政務處處長　壽明　阿
民政部總長　臧式毅
次　長　葆　康
總務司司長　中野琥逸
地方司司長　黃富俊

警務司長	長尾吉五郎
土木司長	劉秉璋
衛生司長	張明濬
土地局局長	壽聿彭
總務處處長	村角克衛
外交部總長	謝介石
次　長	大橋忠一
總務司司長	朱之正
政務司司長	神吉正一
宣化司司長	川崎寅雄
軍政部總長	張景惠
次　長	王靜修
參謀司司長	郭恩霖
軍需司司長	張益三
財政部總長	熙　洽
次　長	孫其昌

總務司司長	星野直樹
稅務司司長	源田松三
理財司司長	田中恭
實業部總長	張燕卿
總務司司長	藤山一雄
農礦司司長	松島 鑑
工商司司長	孫 徵
交通部總長	丁鑑修
總務司司長（兼）	森田成元
鐵道司司長	森田成元
水運司司長（兼）	森田成元
郵務司司長	藤原保明
司法部總長	馮涵清
總務司司長	阿比留乾二
法務司司長	栗山茂二
行刑司司長	程 崇

文教部總長（兼）	鄭孝胥
次　長	許汝棻
總務司司長（兼）	上村哲彌
學務司司長	上村哲彌
參議府秘書局局長	荒井靜雄
監察院院長	于冲漢
總務處處長	結城清太郎
監察部代理部長	憲　眞
審計部部長	寺崎英雄
立法院院長	趙欣伯
秘書廳秘書長	劉恩格
秘書官	高葆善
秘書官	安司泰藏
吉林省長	熙　洽
秘書長	李銘書
總務廳廳長	原　武

民政廳廳長	王　愓
實業廳廳長	孫輔忱
警務廳廳長	趙汝楳
教育廳廳長	榮孟枚
吉林省市政籌備處處長	程科甲
黑龍江省長	韓雲階
警備司令官	張文鑄
總務廳廳長	島一郎
民政廳廳長	劉德權
財政廳廳長（兼）	韓雲階
實業廳廳長（兼）	韓雲階
警務廳廳長	庭川辰雄
東省特別區長官公署長官	張景惠
政務廳長	宋文林
秘書長	梁禹褻
總參議	宋文郁

地畝管理局局長　葆　康
副局長　崔國藩
市政管理局局長　鮑觀澄
副局長　邵　麟
哈爾濱特別市政局市長　鮑觀澄
高等法院院長　陳克正
書記官長　黃明遠
高等檢察廳檢察廳長　王銘鼎
地方法院院長　劉　毅
地方檢察廳廳長　楊繼棍
警察管理局處長　王端華
副處長　齊知政
秘書長　侯執中
監察長　吳奎昌
路警處處長　李桂林
副處長　鏡　濤

督察長　劉成渚
教育廳廳長　魏紹周
東北航務局董事長　英　順
常務董事　王維用
秘書長　丁元秉
秘　書　普　興
經　理　榮　達
造船所所長　徐寶斌
副所長　王地策
東北海軍江運所處長　嚴東漢
東北水道局局長　李鳳翥
吉林交涉總局總辦　施履本
黑龍江交涉總局總辦　馬忠駿
哈爾濱電話總局局長　范培忠
航政局局長　張景弼
警官高等學校校長　張景惠

特別法學院校長	張景惠
監察委員會委員	許水銘
	姜鳳聲
	孫福榮
警備隊總隊總隊長	于鏡濤
奉天省長	臧式毅
秘書長	阮振擇
參事官	穆元植
同	王茲棟
同	金毓紱
總務廳廳長	金井章次
民政廳廳長	趙鵬策
警務廳廳長	三谷清
實業廳廳長	徐紹卿
教育廳廳長	葦煥章
奉天市政公署市長	閻傳紱

瀋陽警察局局長　齊思銘
奉天高等法院院長　于宗海
奉天高等檢察廳廳長　徐維新
瀋陽縣公署縣長　謝桐森
奉天稅務監督署署長　王家鼎
奉天稅務監督署副署長　三浦靖
奉天省城稅務局局長　王振偉
奉天紡紗廠廠長　王廣思
奉天電燈廠廠長　王聘三
奉天電政管理局局長　中島俊雄
奉天郵務管理局郵務長　巴立地
奉天博物館館長　振成箕
奉天情報處處長　王滋棟
奉山鐵路管理局局長兼四洮鐵路管理局局長　闞鐸
瀋海鐵路保安維持會會長　丁鑑修

洮昂鐵路管理局局長兼
洮索鐵路局局長兼　萬咸章
齊古鐵路局局長
吉長吉敦鐵路管理局局長　金璧東
同鐵路滿鐵代表　酒井清兵衛
吉海鐵路管理局總辦　袁嵩瑞
天圖鐵路局局長　程科中
中東鐵路督辦公署督辦　李紹庚
同　理事會　理事長　李紹庚
同　監事會　監事長　張　恕
同　稽核處　局　長　律長庚
呼海鐵路局總辦　常紹書

（譯自昭和七年九月七日佐藤四郎編「滿洲國政府職員錄」）

附錄七：偽「滿洲國」重要官吏表（譯註一）

一、中央政府

機關名稱	官職名稱	日官姓名
國務院	總務長官	駒井德三
同上	高等顧問	市來乙彥
同上	內務長	小平總治
同上	諮議	中島多比吉
國務院總務廳	總務次長	阪谷希一
同上	秘書處長	皆川豐治
同上	人事處長	迫喜平次
同上	統計處長	向井俊郎

同上	主計處長	村隅國衛
同上	需用處長	隈元昂
同上	主計長	村隅國衛
參議府	秘書長	荒井靜雄
法制局	局長	松本俠
資政局（即自治指導部）	局長	中野琥逸
同上	科長	笠木良明
保安處	副處長	島田郡平
監察院	總務處長	藤森圓鄉
民政部	總務司長	中野琥逸
同上	警務司長	長尾吉五郎
同上	警察教練所監督	西村
同上	國境監視警察隊大隊長	中村
外交部	次長	大橋忠一

同上	總務司長	田代昌德
同上	宣化司長	川崎寅雄
財政部	稅務司長	源田松三
同上	高等顧問	水野練太郎
交通部	鐵道司長	森田成元
同上	總務司長	大幸近男
同上	郵政司長	籐原保明
同上	技正	吉田九平
實業部	總務司長	藤山一雄
同上	農礦司長	松島鑒
司法部	總務司長	阿比留乾二
同上	法務司長	栗山茂二
最高法院	顧問	阿比留乾二
中央銀行	副總裁	山成喬六

同上	理事	武安福男
同上	理事	鷲尾磯一
同上	理事	五十嵐保司
執政府	副官長	久藤貞

二、遼寧省政府

機關名稱	官職名稱	日官姓名
省政	總務廳長	金井章次
同上	人事科長	永尾
同上	警察廳長	三谷清
同上	警察廳警務科長	小阪
同上	參事官	黑柳一勝
同上	同上	山崎幸太郎
實業廳	總務科長	高井恆則

同上	礦務科長	新井重色
教育廳	總務科長	坪川與吉
同上	學務科長	安藤
同上	社會科長	竹村
同上	顧問	色部貢
同上	同上	大矢信彥

三、遼寧省之其他重要機關

機關名稱	官職名稱	日官姓名
瀋陽市政公所	顧問	後藤英男
瀋陽公安局	特務科長	田中定一郎
同上	囑託	橋上龜次
營口鹽運使署	顧問	永井久次郎
同上	同上	木村常治

山海關監督公署	同上	小澤茂一
瀋陽電燈廠	廠長	大磯義勇
靖安游擊隊	總隊長	和田勁
同上	參謀長	宮本新
東三省官銀號	顧問	首藤正壽
同上	同上	竹內德三郎
同上	同上	酒井輝爲
同上	諮議	川上市松
同上	同上	矢野
同上	同上	黑崎貞雄
邊業銀行	同上	福田矩治
同上	同上	芝田研三
同上	同上	酒井
東北交通委員會	同上	小笠原

同上	同上	山澤
同上	同上	濱本
瀋海鐵路公司	監事長	河本大作
同上	副監事長	森田成元
同上	總務處顧問	田中整
同上	同上	方澤正敏
同上	事務處顧問	大橋正次
同上	同上	池源義是
同上	會計處顧問	渾川庄正
同上	同上	風問初太郎
同上	工務處顧問	井上忠良
同上	同上	掘江元一
同上	警務處顧問	和田次衛
同上	同上	渡瀨三郎

同上	同上	吉川正登
同上	秘書	井上女士
同上	同上	中島女士
偽奉山鐵路	顧問	古山
同上	職員	山口
同上	同上	小島
同上	同上	山本
同上	同上	小澤
同上	同上	川野
同上	同上	加藤

四、遼寧省各縣政府

縣名	官職名稱	日員姓名
營口	指導員	都甲謙介

同上	同上	高綱信次郎
同上	同上	伊籐與次
復縣	同上	荒川海太郎
同上	同上	福井優
同上	同上	鮫島國三
本溪	同上	中島定夫
同上	同上	河野正一
同上	同上	笹治鐵雄
莊河	同上	大冶幹三郎
同上	同上	松崎秀憲
蓋平	同上	景山盛之助
同上	同上	笹山卯之郎
安東	同上	本島那男
同上	同上	金井佐次

海城	同上	鎌田政明
同上	同上	小林才治
同上	同上	小林克
開原	同上	梢井原義
同上	同上	籐井民夫
同上	同上	澤井鐵馬
撫順	同上	高久肇
同上	同上	山下吉藏
同上	同上	中村寧
瀋陽	同上	永尾龍造
同上	同上	山縣伊三郎
鐵嶺	同上	原垣良龍
同上	同上	甲斐政治
同上	同上	末廣榮二

鳳城	同上	中川壽雄
同上	同上	仙岐清
岫巖	同上	松岡小八郎
同上	同上	中尾優
同上	同上	岡村一郎
遼陽	同上	小島靜雄
同上	同上	大串盛多
同上	同上	關屋悌藏
同上	同上	長田吉次郎
洮南	同上	佐籐虎雄
同上	同上	友田俊章
同上	同上	高橋光雄
懷德	同上	高附榮次郎
同上	同上	木清繁榮

同上	同上	小島
梨樹	同上	井上實
同上	同上	中川勝
同上	同上	村上輝文
新民	同上	高岡重利
同上	同上	山根高之
昌圖	同上	多良庸信
同上	同上	水絕貞一郎
同上	同上	川原二郎
錦縣	同上	庭川辰雄
同上	同上	錦崎達雄
同上	同上	田中一郎
黑山	同上	稅所謙助
同上	同上	近籐平次郎

遼中	同上	榊原增郎
同上	同上	紫尾田酵一
同上	同上	阿村勝
法庫	同上	西岡仁次郎
錦西	同上	上村益喜
遼源	同上	中澤達喜
同上	同上	新縣村太郎
同上	同上	山下信
義縣	同上	村田原次郎
同上	同上	解良武夫
彰武	同上	西崎敏夫
盤山	同上	安齊金治
同上	同上	廣吉辰雄
綏中	同上	澤井鐵馬

同上	同上	田中一郎
興城	同上	重岡材輔
同上	同上	河村公夫
北鎮	同上	四本宜孝
同上	同上	益田京三
西安	同上	吉田雄助
同上	同上	永和建爾

五、吉林省政府

機關名稱	官職名稱	日官姓名
省政府	總務廳長	原竹
同上	顧問	三橋
警務廳	特務科長	伊籐角太
同上	警務科長	安田耕

附錄八：偽「滿洲國」政府組織大綱

一、日本為維持並發展本國在滿洲之權利起見，應設立一管理機關，該機關得統一現在一切機關，以指揮滿洲國事務，並應予該機關以充分之權力，俾新國可倚賴日本指揮，遵行日本所定發展之大綱。日本方面應以誠意與善意，執行監督之權，俾新國不致有不信任之意，我國態度，應為公正平允。

二、政體不應為共和，新國既本『王道』而設立，應採用君主政體。

三、新國得執行關於其內政之絕對大權，並由日本指揮，得實行本乎王道之各種政策。

四、為達到上項目的起見，日本應予統治新國之王族以充分軍權，管理滿蒙。

五、新國之政治制度及其各種組織，應仿照日本，並參照新國地方情形，酌量變更，此項原則，不但適用於政治組織，並適用於社會制度，例如風俗習慣，均應逐漸同化於日本，但實行此項原則，應注重於簡單與可實行，以免避日本法律之複雜。

六、中國人民無日本人民尊王之心，故滿洲國當局之治理人民，應尚嚴厲，俾該國人民對於元首，知所敬畏。

七、如有草擬憲法之必要，則該國憲法應仿照日本，議會不過爲顧問院與宣布國家財政之機關。（淸末十年憲政編查館之弊甚著）。

八、立法權與行政權，均應在最高當局。惟司法權應依法尊重，俾可保持司法獨立精神。

九、關於法律，則日本之各種法律，尤其是手續法，均可資採用。惟於親屬法，則立法者應參酌人民固有之風俗習慣，如涉及外國人民之事，莫如由日本負監督最後判決之責任。

十、所有行政條例，應參照現在風俗習慣施行，並應注重簡單與可實行，日本地方組織之複雜，應避免之，官吏之營私舞弊，應掃除之。

十一、新國警察，應歸一強有力之機關管轄，並應予該機關以剿匪之權，警察應照半陸軍式編制，並妥爲分布新國，俾在嚴厲監督與有效能指揮之下，可以除滅匪亂。

十二、新國國防，應完全交付日本，欲保全其國家地位，照目下情形，新國尙不能防禦中俄兩國，況新國國防，與日本國防相共，故新國不應有國防之權。

十三、新國外交，應委託日本俾可免外交上之重大錯誤，並可保全國家之安全。

十四、陸軍兵額，應就足以壓服內亂爲限，統治新國之王族，有直接統率陸軍之權，俾威權之表證，深印於人民之心理，但新國最後之力量，實寄於日本之軍權，故無養多數軍隊之必要，日本既有維持滿洲秩序之特殊權利與義務，則不論何時，如須壓平內亂，新國可請日本援助。

十五、南滿鐵路，有經營滿洲鐵路事業之專權，以後擬築之新路，應常取日滿合辦之式，俾『共存共榮』主義之精神，可以實現。

十六、關於在滿洲生存之權利，日本人民得享新國人民所有之權利與特權，除與新國締結關於此事之條約外，日本得設法便利日本之移民。

十七、因種種之複雜關係，日本應慎重考慮宜派日本人民為滿洲國官吏，但無論如何，日本對於實施新政府之根本大計，得執行實在監察及懲誡之權，以免腐化而收政治之成功，本組織法應交付修正，但於官吏人選，如不十分慎重，將來影響甚大，故日本對於此事，應加以極鄭重之考慮。

十八、關於軍事各機關，應極慎重遴選日本人民，以實行風紀並監督兵士之訓練，至關於日官分配各行政機關及其任免與管轄監督各事宜，日本在滿洲新設之統一機關，應負裁決之完全責任。

（錄自顧維鈞：「參與國際聯合會調查委員會中國代表處說帖」書中關於東三省獨立運動之說帖）

國家圖書館出版品預行編目資料

近代中日關係研究. 第一輯：日人筆下的九一八事變 / 陳鵬仁譯著. -- 初版. -- 臺北市：
蘭臺出版社, 2021.05
冊；　公分--（近代中日關係研究第一輯；9）
ISBN 978-986-99507-3-2(全套：精裝）
1.中日關係 2.外交史
643.1　　　　109020145

近代中日關係研究 第一輯 9

日人筆下的九一八事變

編　　者：中村菊男等
譯　　者：陳鵬仁
主　　編：沈彥伶、張加君
編　　輯：盧瑞容
美　　編：凌玉琳
封面設計：陳勁宏
出 版 者：蘭臺出版社
地　　址：台北市中正區重慶南路1段121號8樓之14
電　　話：(02)2331-1675或(02)2331-1691
傳　　真：(02)2382-6225
E—MAIL：books5w@gmail.com或books5w@yahoo.com.tw
網路書店：http://5w.com.tw/
https://www.pcstore.com.tw/yesbooks/
https://shopee.tw/books5w
博客來網路書店、博客思網路書店
三民書局、金石堂書店
經　　銷：聯合發行股份有限公司
電　　話：(02) 2917-8022　傳 真：(02) 2915-7212
劃撥戶名：蘭臺出版社　帳號：18995335
香港代理：香港聯合零售有限公司
電　　話：(852)2150-2100　傳真：(852)2356-0735
出版日期：2021年5月 初版
定　　價：新臺幣12000元整（精裝，套書不零售）
ISBN：978-986-99507-3-2